Umwerfender Service

Ron Zemke
Kristin Anderson

Umwerfender Service

Die Bibel für den direkten Kundenkontakt

Aus dem Englischen von
Karin Hansen-Vinçon

Campus Verlag
Frankfurt/New York

Die amerikanische Originalausgbe erschien 1991 unter dem Titel
»Delivering Knock Your Socks Off Service« bei Amacom, New York

Die Deutsche Bibliothek – CIP-Einheitsaufnahme

Zemke, Ron:
Umwerfender Service: die Bibel für den direkten Kundenkontakt /
Ron Zemke; Kristin Anderson.
Aus dem Engl. von Karin Hansen-Vinçon. –
Frankfurt/Main; New York: Campus Verlag 1994
Einheitsacht.: Delivering knock your socks off service <dt.>
NE: Anderson, Kristin:

Umschlaggestaltung: Atelier Warminski, Büdingen
Satz: Plöger, Borchen
Druck und Bindung: Druckhaus Beltz, Hemsbach
Gedruckt auf säurefreiem und chlorfrei gebleichtem Papier.
Printed in Germany

Inhalt

Vorwort
Ihre Arbeit ist enorm wichtig

> Wenn man Kunden bedient, spielen deren Erwartungen eine entscheidende Rolle. Erfüllen Sie sie, dann stellen Sie den Kunden zufrieden. Übertreffen Sie sie, dann wird der Kunde Sie dafür lieben. Wecken Sie unrealistische Erwartungen – indem Sie Versprechungen machen, die Sie im Traume nicht halten können – dann wird der Kunde Sie dafür zutiefst verachten.
>
> *Robert A. Peterson*
> Forscher für Marketing, University of Texas in Austin

Kunden bedienen. Diese zwei Worte beinhalten vieles. Fragen beantworten. Probleme beheben. Festgefahrene Angelegenheiten wieder ins Rollen bringen. Verlorenes wieder auffinden. Zornige Kunden besänftigen und verschüchterte aufbauen. Und immer wieder, so routiniert und selbstverständlich, wie ein Zauberer die Kaninchen aus dem Hut zieht, Menschen, Produkte und Dienstleistungen miteinander in Einklang bringen.

Es ist noch nicht allzu lange her, da war die Arbeit im Kundenservice so ziemlich das undankbarste Geschäft, das man sich vorstellen konnte. Verkäufer – das bot berufliche Perspektiven. Marketing versprach Prestige. Und erst die Werbung – die hatte den Nimbus des Wunderbaren! Aber Kundenservice? Das brachte doch nichts ein! Eine zeitraubende Angelegenheit, ein Karriereweg, der zu nichts führte. Kollegen, die auf einen herunterschauen, weil man ständig nur mit nörgelnden Kunden zu tun hat. Und Kunden, die Service als Beruf für geistig Minderbemittelte ansehen, die morgens aufstehen, ihr Spiegelbild angrinsen und sich selbst versichern: »Heute wird ein *wunderbarer Tag*. Wenn du jetzt zur Arbeit gehst, wirst du die ersten 217 Leuten, die zu dir kommen, richtig schön anschnauzen.« Und genau das taten sie dann auch. Das waren nicht gerade positive Bilder.

Aber das ist Schnee von gestern. Heute sehen die Dinge völlig anders aus. Es begann Mitte der achtziger Jahre, als einige aufmerksame Beobachter der Servicefront eine wichtige, um nicht zu sagen überraschende Entdeckung machten. Ihnen war aufgefallen, daß einige Unternehmen, die sich voll und ganz einem erstklassigen Kundenservice verschrieben hatten, bessere Geschäftsergebnisse als andere erzielten. Sie konnten höhere Wachstumsraten verzeichnen, obwohl sie häufig mehr für ihre Grundprodukte und Dienstleistungen verlangten als andere. Und sie arbeiteten rentabler als die anderen Unternehmen, die wie ehedem all ihre Anstrengungen darauf richteten, den Kunden so wenig wie möglich für ihr Geld zu geben.

Kurzum, die Unternehmen, die den Kundenservice in den Mittelpunkt gestellt hatten, nahmen auf einmal mehr Geld ein als die Konkurrenten, die sich um den Kundenservice nicht sonderlich bemühten.

Weiterhin war den Forschern aufgefallen, daß die Service-Unternehmen mit herausragendem Service geringere Marketingkosten, zufriedenere Kunden, weniger Reklamationen und eine stärkere Wiederholungsnachfrage aufwiesen – die Kunden schlugen nämlich immer wieder den Weg zu den Firmen ein, von denen sie gut bedient worden waren – und das war noch nicht alles. Der gute Service dieser Unternehmen warf auch intern interessante Ergebnisse ab: niedrigere Fluktuation und geringere Abwesenheitszeiten der Mitarbeiter gingen Hand in Hand mit besserer Arbeitsmoral und größerer Arbeitszufriedenheit.

Diejenigen Unternehmen, die sich einen hervorragenden Kundenservice zum Ziel gesetzt hatten, erwiesen sich rundherum als schlagkräftiger und erfolgreicher als die Unternehmen, bei denen der Kunde wie ein Feind behandelt wurde, der Service ein Schattendasein fristete oder als notwendiges Übel betrachtet wurde.

Fast über Nacht wurde die Orientierung am Kunden, seine Bedürfnisse zu erforschen und zu erfüllen, ihn zu umhätscheln und zu umsorgen und ihn erstklassig zu bedienen, zu einem neuen, strategisch wichtigen Leitgedanken. Theorien wurden entwickelt, Bücher geschrieben, Poster aufgehängt, Filme gedreht. Überall war Service in aller Munde, war Service die neue Devise.

Das ist alles schön und gut, aber auf wen es letzten Endes ankommt, das sind Sie selbst: was *Sie* tun, das ist entscheidend. Was *Sie* tun, ist Arbeit – harte Arbeit. Fragen beantworten, Probleme beheben. Festgefahrene Angelegenheiten wieder ins Rollen bringen. Verlorenes wieder auffinden. Zornige Kunden besänftigen und verschüchterte aufbauen. Und immer wieder, so routiniert und selbstverständlich, wie ein Zauberer die Kaninchen aus dem Hut zieht, Menschen, Produkte und Dienstleistungen miteinander in Einklang bringen.

Und was ist der Unterschied zwischen damals und heute? Heute weiß jeder in den Führungsetagen der Unternehmen, daß das, was Sie tun, wichtig ist. Man hat begriffen, wie viel davon abhängt, ja, wie sehr das ganze Unternehmen davon abhängt, daß Sie Ihre Arbeit gut, mit Verstand, mit Geschick und zur Zufriedenheit des Kunden erledigen. Mehr als je zuvor weiß man heute, wie wichtig es ist, daß Sie die Zeit, die Mittel, die Einweisung, die Unterstützung, den Rückhalt und die Ermutigung des Managements brauchen, um nicht nur Ihre Kunden zufriedenzustellen, sondern ihnen darüberhinaus einen Service zu bieten, der sie wiederbringt, weil sie noch einmal in den Genuß Ihres wunderbaren Service gelangen wollten.

Der Zweck dieses Buches ist es, mit Ihnen das zu teilen, was wir über Kundenbetreuung in über fünfzehn Jahren des Beobachtens und des Arbeitens mit tausenden von Serviceleuten gelernt haben, die sich einen erstklassigen Service zur Norm gesetzt haben. Wir sprechen über Leute genau wie Sie, die immer und immer wieder hervorragenden Service leisten, über wahre Profis in Sachen umwerfender Service, die ihren Kunden das Leben und sich selbst die Arbeit vereinfachen statt beides zu verkomplizieren, die ihre Arbeit interessant und abwechslungsreich gestalten, und denen sie außerdem große Freude bereitet.

Was *Sie* tun ist wichtiger für Ihr Unternehmen als je zuvor. Wenn Ihnen dieses Buch dabei hilft, Ihre Aufgabe noch ein klein wenig besser zu bewältigen, dann danken Sie nicht uns, sondern den Tausenden von Serviceprofis, denen wir das Buch verdanken. Und wenn Sie die Reise durch diese Seiten nicht nur hilfreich, sondern auch vergnüglich finden, dann haben wir *unser* Serviceziel erreicht.

Kristin Anderson
Ron Zemke

Die Grundlagen eines umwerfenden Service

Umwerfender Service – ein Service, der den Kunden tief und nachhaltig beeindruckt – erfordert mehr als nur Höflichkeit. Weitaus mehr.

Zuerst einmal muß man wissen, was *der Ansicht des Kunden nach* guter Service ist. Die fachliche Leistung selbst, die Art der Ausführung, die Erfüllung der Erwartungen des Kunden und der Beweis, daß man seinen Service erneut in gewohnter Manier ausführen kann – das alles gehört zu den Grundlagen.

Umwerfenden Service zu bieten bedeutet, jedem einzelnen Kunden ein nachhaltiges Erlebnis zu verschaffen. Es bedeutet, daß Erwartungen erfüllt und Bedürfnisse befriedigt werden müssen – und zwar so, daß es für den Kunden einfach ist, Geschäfte mit Ihnen zu tätigen.

Der Kunde, der all dies bei Ihnen erlebt, wird stets Ihr Kunde bleiben. Wenn Ihr Service umwerfend gut ist, dann hat jeder etwas davon: Ihr Kunde, Ihr Unternehmen, und nicht zu vergessen: auch *Sie*.

Kapitel 1

Die einzige unumstößliche Regel lautet: Für den Kunden sind *Sie* die Firma

> Kundenbeziehungen sind ein wesentlicher Teil Ihrer Arbeit und keineswegs nur eine Erweiterung Ihres Aufgabenfelds.
>
> *William B. Martin,*
> Quality Customer Service

Der Kunde macht keinen Unterschied zwischen Ihnen und dem Unternehmen, bei dem Sie arbeiten. Das soll er auch nicht. Für den Kunden sind eben *Sie* die Firma.

Der Kunde weiß nicht, wie die Arbeit hinter der Tür mit dem Schild »Nur für Mitarbeiter« erledigt wird. Er kennt Ihr spezielles Aufgabengebiet nicht, er weiß nicht, wie weit Ihre Befugnisse reichen, geschweige denn, was Sie persönlich für ihn tun bzw. nicht tun können. Es ist ihm auch egal. Für den Kunden sind solche Dinge *Ihre* Angelegenheit, nicht seine.

Seine Haltung ist klar: »Bringen Sie mir mein Essen.« »Beraten Sie mich bitte bei diesem Artikel.« »Lösen Sie mein Problem.« »Nehmen Sie jetzt meine Bestellung auf!«

Ob der Kunde einem Unternehmen positiv oder negativ gegenübersteht, hängt oft direkt mit den Erfahrungen zusammen, die er mit den Mitarbeitern des Unternehmens gemacht hat. Vor einigen Jahren führte British Airways eine Umfrage unter den Fluggästen durch, um herauszufinden, was sie über die Airline dachten. Es wurde ermittelt, daß Verhalten und Geschick des Personals ausschlaggebend dafür waren, wie die Kunden die Fluggesellschaft einschätzten.

Für den Kunden war British Airways weitaus mehr als nur Flugzeuge, Tickets, Sitzplätze und Essen. British Airways war »die freundliche Person, die mir mit meinem Gepäck geholfen hat«, und »die Stewardeß, die sich darum kümmerte, daß ich meinen Anschlußflug bekam.«

Was kann man daraus folgern? Donald Porter, der Senior Vice President von British Airways, erklärt:

Wenn Sie im Service arbeiten und Sie derjenige sind, der die Kette an positiven Erlebnissen des Kunden sprengt, indem Sie einen Fehler machen, dann tilgen Sie mit hoher Wahrscheinlichkeit seine Erinnerung an bisherige positive Erfahrungen. Machen Sie Ihre Sache hingegen gut, dann haben Sie die Chance, ihn all die negativen Erlebnisse vergessen zu machen, die er vielleicht hatte, bevor er zu Ihnen kam. *Sie* sind es, der eine Kette von erstklassigen Serviceerfahrungen weiterführt, oder der sie abbricht.

Ist es fair, daß der Kunde Sie als die Firma ansieht? Nein! Es ist *nicht* fair. Besonders dann nicht, wenn so vieles schief laufen kann – und wenn Sie eindeutig nicht dafür verantwortlich sind, weil es sich um Dinge außerhalb Ihres Kontrollbereichs handelt. Aber um faires Verhalten geht es hier auch nicht. Wenn es Ihre Aufgabe ist, in der Öffentlichkeit zu stehen und Kunden zu bedienen, so entscheidet allein die Qualität Ihrer Arbeit mit den Kunden und für die Kunden – für die netten Kunden wie auch für die weniger netten, für die gescheiten wie auch die dummen, für die Leute, die Sie gerne Ihrer Mutter vorstellen würden wie auch für diejenigen, die Sie am liebsten niemals zu Angesicht bekommen hätten – darüber, wie erfolgreich die Firma ist, für die Sie arbeiten.

Kurzum: man sollte es stets wiederholen: *Sie* sind die Firma.

Die Firma sein: Dies bezieht sich auf alles, was Sie tun

Einige Dinge, die Sie für umwerfend guten Service beachten müssen, sind relativ einfach in die Tat umzusetzen. Dazu gehört zum Beispiel die Wahl Ihrer Worte.

TIP: Benutzen Sie *»ich«* anstelle von *»wir«* oder anderen unpersönlichen Formulierungen. Für den Kunden beginnt und endet die Firma mit Ihnen. Wenn Sie die Ich-Form benutzen, zeigen Sie Verständnis und stehen hinter Ihrer Worten: »Es tut *mir* leid, daß Sie so lange nach der Konfektionsabteilung suchen mußten. Kann *ich* Ihnen behilflich sein?«

Wenn Sie sagen: *»normalerweise wird das so bei uns gehandhabt ...«* oder *»das wird man kaum genehmigen«*, dann teilen Sie dem Kunden mit, daß Sie nur ein ausführendes Organ sind. Wenn Sie sich als solches begreifen, werden Sie nie in der Lage sein, dem Kunden wirklich behilflich zu sein – man könnte Sie genausogut durch eine Maschine ersetzen und wird Sie möglicherweise auch wie einen Fußabstreifer behandeln.

Andere Handlungen, die Sie ausführen, sind komplexer. Der Kunde erwartet von Ihnen, daß Sie Ihre Firma für ihn arbeiten lassen. Er erwartet, daß Sie Gesamtzusammenhänge verstehen, daß Sie seine Fragen kompetent beantworten, daß Sie seine Probleme lösen und daß Sie ihn an die richtigen Leute verweisen können, wo er genau das bekommt, was er verlangt.

Die Wünsche und Bedürfnisse der Kunden ändern sich laufend. Genau wie Ihre Firma, genau wie auch Sie sich stets ändern. Wie können Sie da mithalten? Lassen Sie sich bei Ihren Anstrengungen um einen persönlichen Service von folgenden drei Fragen leiten. Stellen Sie sich diese Fragen nicht nur einmal. Stellen Sie sie laufend. Setzen Sie die gewonnenen Einsichten so um, daß die Kunden von Ihren Aktivitäten einfach begeistert sind.

1. *Was wollen meine Kunden von mir, was wollen sie von meiner Firma?* Denken Sie sowohl an das, was Ihre Kunden *brauchen*, als auch an das, was Ihre Kunden *erwarten*.
2. *Wie gut ist der Service, den andere Abteilungen – etwa die Rechnungsabteilung oder der Versand – meinen Kunden bieten?* Denken Sie an Ihre Aufgabe, die verschiedenen Firmenbereiche zum Wohle Ihres Kunden zusammenspielen zu lassen.
3. *Welche Kleinigkeiten, welche Details spielen für die Zufriedenheit meiner Kunden eine ausschlaggebende Rolle?* Umwerfender Service bedeutet, daß man auf das achtet, was in den Augen des Kunden wichtig ist. Wissen Sie, was für Ihre Kunden zählt?

Daß Sie für Ihre Kunden die Firma darstellen, macht Ihre Arbeit einerseits zu einer echten Herausforderung, andererseits gibt sie Ihnen auch viel. Im Kontakt von Mensch zu Mensch, von Servicemitarbeiter und Kunden, nimmt die vormals wenig konturierte, unpersönliche Firma Form und

Substanz an. *Sie* haben es in der Hand, den Kontakt nachhaltig und eindrucksvoll zu gestalten. *Sie* haben es in der Hand, die Kunden zu treuen Kunden zu machen. Ihr Wahlspruch lautet: »Schaut her, Kunden – mein Service ist einfach umwerfend!«

Kapitel 2

Wissen, was einen Service umwerfend gut macht

> Jeder Kunde hat seine eigene, einmalige, besondere, emotionale, irrationale, unmögliche und total menschliche Wahrnehmung in bezug auf Service. Es zählt nichts außer seiner persönlichen Wahrnehmung!
>
> *Tom Peters*, Managementguru

Der Kunde ist anspruchsvoll. Und das ist sein gutes Recht. Heutzutage hat der Kunde mehr Möglichkeiten als je zuvor. Wenn Ihre Firma ihm das nicht bieten kann, was er will oder braucht, wenn Sie mit ihm nicht in einer Weise umgehen, die seine Erwartungen erfüllt oder übertrifft, dann wird er einfach ein paar Häuser weitergehen – oder in den gelben Seiten weiterblättern – und seine Geschäfte mit einem Ihrer Konkurrenten tätigen. Und ohne Kunden haben Sie natürlich auch keinen Arbeitsplatz! Wissenschaftler weisen laufend nach, daß es *fünfmal mehr* kostet, einen neuen Kunden an Land zu ziehen, als einen alten Kunden bei der Stange zu halten. Viele Firmen aber denken nur an das gerade aktuelle Geschäft, anstatt die langfristigen Kundenbeziehungen zu pflegen. Weitaus beunruhigender ist jedoch ein weiteres Forschungsergebnis, daß nämlich *jeder vierte Kunde* derart unzufrieden mit dem gebotenen Service ist, daß er den Anbieter wechselt, vorausgesetzt, er findet einen, der ihm dasselbe verspricht wie Sie, der aber seine Wünsche etwas besser erfüllt. Auf hundert Kunden hochgerechnet, mit denen Ihr Unternehmen Geschäfte tätigt, verlieren Sie also fünfundzwanzig!

Am beunruhigendsten aber ist der Befund, daß *nur einer* von diesen fünfundzwanzig unzufriedenen Kunden überhaupt sagt, daß er unzufrieden ist. Aus eigener Erfahrung wissen Sie vielleicht, daß Kunden, die wirklich gut erklären können, was sie haben wollen, relativ selten vorkommen. Viel häufiger erwartet der Kunde, daß Sie ganz einfach wissen, was er will – und ist enttäuscht, wenn dem nicht so ist.

Aus diesem Grunde investieren Unternehmen heutzutage eine Menge Zeit und Geld in die Erforschung des Kundenverhaltens. Sie beobachten den Kunden beim Einkaufen, machen Umfragen per Post oder Telefon, oder befragen ihn direkt. Wie ein Goldgräber, der sein Gelände durcharbeitet, weil er weiß, daß das Gold spürbar nahe ist, sammeln und sortieren die Unternehmen von heute Kundenbriefe und Kundenkommentare, auf der Suche nach denjenigen Beschwerden und Komplimenten, die einen Schluß zulassen, was Leute von heute wollen – und wie die Bedürfnisse von morgen aussehen.

Als Profi im Kundenservice greifen Sie häufig auf das Wissen zurück, das Ihr Unternehmen über seine Kunden zusammengetragen hat. Es steht Ihnen aber noch eine weitere, ebenso wichtige Informationsquelle zur Verfügung: Ihr eigener, tagtäglicher Kontakt mit den Kunden. Aus persönlicher Erfahrung wissen Sie bereits eine ganze Menge darüber, was Ihr Kunde will: welche Aktionen seine Erwartungen erfüllen, welche sie übertreffen – und was ihn absolut frustriert.

Dies ist Ihr Spezialgebiet, Ihr Grundstock zu einer eigenen und urpersönlichen Methode, wie Sie dem Kunden einen umwerfenden Service bieten können.

Sich selbst organisieren

Hierbei ist ein allgemeiner Rahmen hilfreich, der die Dinge, die Sie persönlich wissen, und die Informationen, die Ihnen Ihre Firma zur Verfügung stellt, zusammenhält. Wir bevorzugen den von Dr. Leonard Berry entwickelten Rahmen, einem Forscher der Texas A&M University. Dr. Berry und seine Kollegen haben ermittelt, daß der Kunde Servicequalität an fünf Faktoren mißt:

1. *Zuverlässigkeit*. Die Fähigkeit, pünktlich und zuverlässig das zu leisten, was versprochen wurde.
2. *Zuvorkommenheit*. Die Bereitschaft, dem Kunden rasch behilflich zu sein.
3. *Vertrauen*. Ihr Wissen und die Höflichkeit, die Sie dem Kunden gegenüber erweisen, und die Fähigkeit, Kompetenz, Glaubwürdigkeit und Sicherheit zu vermitteln.
4. *Einfühlungsvermögen*. Der Grad an Zuwendung und individueller Aufmerksamkeit, die Sie dem Kunden gegenüber beweisen.
5. *Konkrete Dinge*. Die Einrichtungen, die zu Ihrem Unternehmen gehören, Ihr Arbeitsmaterial, Ihre Ausrüstung, und Ihr Erscheinungsbild (und das Ihrer Kollegen).

Wahrscheinlich fällt fast alles, was Sie für Ihre Kunden tun, in eine dieser Kategorien. Werfen Sie doch einen Blick auf die folgenden, recht geläufigen Beispiele:

- Wenn Sie die Bestellung eines Kunden pünktlich erfüllen, so beweisen Sie *Zuverlässigkeit*.
- Wenn Sie einen Kunden bemerken, der rätselnd vor einem Produkt steht, und Sie zu ihm gehen, Ihre Hilfe anbieten und ihn über das Produkt informieren, dann beweisen Sie *Zuvorkommenheit*.
- Wenn Sie lächeln und zu einem Kunden sagen: »Ich kann

Ihnen dabei behilflich sein« – und dies auch tatsächlich sind – dann bauen Sie *Vertrauen* auf.

- Wenn Sie auf die Wünsche eines Kunden individuell eingehen und bei der Lösung seines Problems Fingerspitzengefühl beweisen, dann zeigen Sie *Einfühlungsvermögen*.
- Und wenn Sie sich die Zeit nehmen, Ihre eigene Person und Ihre Arbeitsumgebung so herzurichten, daß sie vorzeigbar sind, dann achten Sie auf die *konkreten Dinge*.

TIP: Organisieren Sie Ihr Know-how und Ihre Erfahrung. Notieren Sie das, was Sie über Ihre Kunden wissen, und das, was die Kunden von Ihnen und Ihrer Firma erwarten, und ordnen Sie es den entsprechenden Kategorien zu. Machen Sie es sich zu Ihrer Aufgabe, diese Liste täglich zu ergänzen und zu verbessern. Behandeln Sie sie wie Ihre eigene, persönliche Datenbank.

Für Ihre Kunden sind alle fünf Faktoren gleichermaßen wichtig. Also werden wir in den folgenden fünf Kapiteln die einzelnen Teile des Kundenservice-Puzzles genauer betrachten, damit wir wissen, wie sie sich zu einem überzeugenden und umwerfend guten Service zusammensetzen lassen.

Die Erwartungen des Kunden an ein Dienstleistungsunternehmen sind einfach und klar verständlich: sieh gut aus, sei zuvorkommend, erwirb dir durch Höflichkeit und Kompetenz mein Vertrauen, sei einfühlsam, sei aber vor allem zuverlässig. Tu das, was du zugesagt hast. Halte das Serviceversprechen.

Dr. Leonard Berry,
Forschungsabteilung der Texas A&M University

Kapitel 3

Umwerfender Service bedeutet: Zuverlässigkeit

Verpflichte dich zu nichts, was du nicht leisten kannst, aber achte darauf, deine Versprechen einzuhalten.

George Washington

Als George Washington 1775 Oberbefehlshaber der neuen amerikanischen Armee im Unabhängigkeitskrieg wurde, hing das Leben von tausenden von Männern und das Schicksal einer jungen Nation von seiner Fähigkeit ab, einzuschätzen, was geleistet werden konnte und was nicht. Er mußte seine Versprechen einlösen und konnte sich folglich keinen Irrtum leisten.

Als Serviceprofi sind Sie Förderer einer anderen Art Revolution: der Servicerevolution. Während dabei selten Menschenleben auf dem Spiel stehen, so doch ein Stück der Zukunft des Unternehmens, für das Sie arbeiten – und zwar jedesmal, wenn Sie einem Kunden gegenübertreten. Hier kommt also Zuverlässigkeit ins Spiel.

Serviceversprechen

Zuverlässigkeit heißt, das Serviceversprechen zu halten – also das zu tun, was Sie dem Kunden zugesichert haben.

Serviceversprechen haben verschiedene Urheber. Wir kennen:

- *Persönliche Versprechen*: Die meisten Serviceversprechen stammen von Ihnen selbst. Persönliche Versprechen entstehen, wenn Sie einem Kunden sagen: »Ich gehe mich erkundigen und bin gleich wieder zurück« oder »Sie bekommen das Paket in etwa zwei Wochen« oder »Ich weiß, woran die Schwierigkeiten mit Ihrem Computer liegen. Diese Software wird das Problem beheben.«
- *Organisatorische Versprechen*: Damit sind sowohl direkte als auch indirekte Versprechen gemeint, die Ihr Unternehmen gemacht hat. Werbe- und Marketingmaterial kann direkte Versprechen enthalten, sie können aber auch in Firmenkorrespondenz und in Verträgen festgeschrieben oder in Servicegarantien und Unternehmenspolitiken öffentlich und für jedermann sichtbar werden. Indirekte Versprechen werden häufig als selbstverständlich betrachtet.
  In der Werbung von McDonald's zum Beispiel ist nirgendwo die Rede davor, daß ein McDonald's-Hamburger in Minneapolis genauso schmeckt wie ein McDonald's-Hamburger in New York oder in Seattle, ja selbst in Japan. Wenn aber jede McDonald's-Filiale das Rezept beliebig ändern dürfte, wäre das Versprechen, das indirekt durch den Namen »McDonald's« abgegeben wird, ganz klar gebrochen – egal, wie gut das jeweilige Rezept wäre.
- *Erwartete Versprechen*: Der Kunde trägt an jede Servicetransaktion Erwartungen heran. Auf der Grundlage seiner vergangenen Erfahrungen mit Ihnen und mit anderen Serviceanbietern macht der Kunde Annahmen darüber, was Sie für ihn tun werden und was nicht. Gelingt es Ihnen nicht, die Erwartung des Kunden zu erfüllen, unabhängig davon, ob Sie sie kannten oder nicht, ja sogar unabhängig davon, ob Sie Ihren Teil zum Entstehen dieser Erwartung beigetragen haben, dann hat das dieselben Konsequenzen wie die Nichteinhaltung eines jeglichen anderen Versprechens.

Das Gute an der Sache ist, daß Sie als Serviceprofi bereits einiges darüber wissen, was Ihre Kunden erwarten. Indem Sie Fragen stellen und den Kunden wirklich zuhören, können Sie weitere Erwartungen aufspüren. Versprechen, egal aus welcher Quelle sie kommen, sind viel zu wichtig, als daß Sie sich auf pures Erraten verlegen können.

Versprechen steuern

Versprechen können und sollten gesteuert werden. Wenn Sie erst einmal herausgefunden haben, was Ihre Kunden erwarten und was nicht – welche Versprechen Sie also einlösen müssen – dann sind Sie in der Lage, die Erwartungen Ihrer Kunden so zu formen, daß Sie dem entsprechen, was Sie für sie tun können. Wenn Sie darin gut sind, dann nimmt Ihr Kunde Ihre Leistungen als zuverlässig wahr.

Nehmen wir einmal an, daß Sie Verkäufer in einem Möbelgeschäft sind. Frau Müller kommt herein und sucht einen Schreibtisch mit Aufsatz, in der Erwartung, daß sie das Stück sofort mitnehmen kann. Sie stehen jetzt vor der Herausforderung, ihre Erwartungen so zu ändern, daß sie auf das passen, was Ihre Firma für sie tun kann:

»Unsere spezialgefertigten Schreibtische sind von höchster Qualität. Wenn Sie sich jetzt einen Schreibtisch aussuchen, kann ich dafür sorgen, daß er binnen zwei Wochen bei Ihnen angeliefert wird.«

Frau Müller entscheidet sich jetzt vielleicht fürs Warten, weil die gute Qualität es ihr wert ist. Wenn sie den Schreibtisch allerdings sofort braucht – wobei Sie ihre Erwartungen *dieses Mal* nicht ändern können – dann wird sie Ihr Geschäft wenigstens in dem Wissen verlassen, daß Sie ehrlich sind und auf ihre Zufriedenheit Wert legen. Und sie wird Sie aufgrund der eben gewonnenen Einsicht in Ihre Fähigkeiten an einen Freund oder an einen Kollegen weiterempfehlen.

Nicht eingehaltene Versprechen nachträglich in Ordnung bringen

Manchmal kann etwas, das in gutem Glauben zugesichert wurde, nicht erfüllt werden. So sehr man auch versucht, perfekt zu sein, Probleme lassen sich nie ganz vermeiden. Vielleicht ist etwas im Serviceablauf geschehen, das außerhalb Ihrer Kontrolle lag. Was können Sie also tun, wenn ein Versprechen nicht eingehalten wurde? Wenn Sie bemerken, daß etwas, das zugesichert war, nicht erfüllt wurde bzw. wenn man Sie darauf hinweist, dann ist das erste, was Sie tun sollten, sich entschuldigen. Verschwenden Sie keine Zeit darauf, einen Sündenbock zu suchen und sich selbst oder Ihrer Firma oder dem Kunden die Schuld zuzuschieben. Geben Sie zu, daß etwas falsch gelaufen ist, und finden Sie sofort heraus, was Ihr Kunde jetzt braucht. Hat das nicht eingehaltene Versprechen bereits ein weiteres Problem geschaffen? Oder ergibt sich daraus vielleicht eine Möglichkeit, wie Sie Ihren Ruf als zuverlässiger Servicepartner retten können?

Nehmen wir zum Beispiel an, Frau Müller sei bereit, zwei Wochen auf ihren Schreibtisch zu warten. Plötzlich bemerken Sie, daß der Liefertermin sich um drei Tage verzögern wird. Wenn Sie nun beschließen, Frau Müller einfach nicht davon zu informieren, dann können Sie Gift darauf nehmen, daß Sie bei Ihnen anrufen wird, wenn ihr Schreibtisch nicht genau an dem Tag bei ihr eintrifft, an dem sie ihn aufgrund Ihrer Angaben erwartet – und daß sie über den Lieferverzug gar nicht glücklich sein wird. Andererseits, wenn Sie nun die Initiative übernehmen und Frau Müller anrufen, um sie von dem Lieferverzug in Kenntnis zu setzen, dann stellt sich vielleicht heraus, daß sie ohne weiteres bereit ist, noch drei Tage zu warten. Frau Müller könnte Ihnen aber auch mitteilen, daß sie eine wichtige Besprechung hat und den Schreibtisch unbedingt für ihr Büro braucht. In diesem Fall könnten Sie ihr einen Schreibtisch leihweise zur Verfügung stellen, bis der bestellte eintrifft. Dann stehen Sie und Ihre Firma als Retter in der Not da.

TIP: Machen Sie keine zu hochgeschraubten Versprechen, nur um ein Geschäft unter Dach und Fach zu bekommen. In unserer heutigen Dienstleistungsgesellschaft endet eine Dienstleistung nicht mit der Geschäftsbesiegelung, im Gegenteil, da beginnt sie erst.

Sie können Ihren Kunden kein sonniges Wetter versprechen, aber Sie können ihnen garantieren, einen Schirm über sie zu halten, wenn es regnet.

Aufschrift in einem Telephonservicecenter

Kapitel 4

Umwerfender Service bedeutet: Zuvorkommenheit

Eine Rose zur rechten Zeit ist weitaus wertvoller als ein Tausend-Dollar-Geschenk, das zu spät eintrifft.

Jim Rohn,
Autor und Redner

Pünktlichkeit ist schon immer wichtig gewesen. Und heutzutage ist eine zuvorkommende Behandlung des Kunden – also Dinge rechtzeitig und pünktlich erledigen – sogar noch viel entscheidender geworden. Denken Sie doch nur einmal an die Unmenge von Serviceeinrichtungen, die einzig zu dem Zweck geschaffen wurden, daß Dinge schneller erledigt werden können:

Federal Express gelang der internationale Durchbruch dadurch, daß das Unternehmen für seine Sendungen eine Garantie übernahm und sie hundertprozentig sicher am nächsten Tag zustellte.

Die »LensCrafters« Optikerkette verspricht, Brillen innerhalb einer Stunde individuell anzupassen.

Domino's Pizzas, eine Gastronomiekette, die Pizzas ins Haus liefert, wurde mit ihrer Garantie »Lieferung innerhalb von 30 Minuten oder 3 Dollar Preisnachlaß« Amerikas größtes Unternehmen in dieser Branche.

Die in Amerika führenden Dienstleistungsunternehmen mit den großen Namen besetzen nicht etwa nur eine kleine Ecke in der wachsenden Marktnische »Qualität und Pünktlichkeit«. Überall finden sich heute Reinigungen, wo Sie Ihre Kleider am selben Tag wieder gereinigt abholen können, Fotogeschäfte, die Fotos innerhalb einer Stunde entwickeln, und Bankautomaten, die rund um die Uhr in Betrieb sind. Gleichzeitig praktizieren immer mehr traditionelle Hersteller das JIT-Management (Just-In-Time-Management), das heißt, sie ordern Rohware so, daß sie genau zum benötigten Zeitpunkt (»just in time«) eintrifft. Manchmal auch »auf den letzten Drücker«.

Unternehmen, die den auf Zeitersparnis bedachten Kunden bedienen, haben Hochkonjunktur. Und ihr Erfolg beeinflußt die Erwartungen des Kunden bezüglich Ihrer Bereitschaft und Fähigkeit, das gleiche zu leisten. Wen verwundert es da, daß der Kunde Ihnen noch knappere Fertigstellungstermine und noch schnelleren Service als jemals zuvor abverlangt. Wenn er dies fordert, dann erwartet er, daß Sie ihn zuvorkommend behandeln.

Termine vereinbaren – und einhalten

Manchmal kommt es einem so vor, als ob jeder alles zur gleichen Zeit erledigt haben wolle. Sie liegen aber falsch, wenn Sie glauben, Ihr Kunde würde todunglücklich sein, wenn Sie seine Wünsche nicht »jetzt sofort« erfüllen. Genauso falsch ist es, zu glauben, der Kunde würde stets verlangen: »Es soll gestern fertig sein!«, wenn Sie ihm erklären, wann etwas abholbereit sein kann.

Termine und Fristen sind wichtig. Aber Fristen werden gesetzt. Wenn Sie zu einem Kunden sagen: »Sie können es heute nachmittag abholen« oder »Das geht heute noch zur Post«, dann bauen Sie in Ihrem Kunden eine Erwartungshaltung auf und setzen sich selber unter Druck. Seien Sie also realistisch bezüglich der Fristen, die Sie angeben, denn wenn sie erst einmal festgelegt sind, dann wird der Kunde Ihren Erfolg oder Mißerfolg daran messen.

Als Serviceprofi bestimmen Sie den Ton und die Tagesordnung. Fangen Sie an, auszuloten, was der Kunde wirklich braucht. Es ist ein großer Unterschied zwischen »Ich möchte dies schnell gereinigt haben, weil ich es nächste Woche anziehen will« und »Ich will diese Wintermäntel gereinigt haben, bevor ich sie über die warme Jahreszeit wegpacke.« Benutzen Sie diese Informationen, um Termine zu setzen, die Ihnen entgegenkommen, und bieten Sie sie dem Kunden an. In neun von zehn Fällen werden Sie ein »Ja« zu hören bekommen. Und wenn Ihr Vorschlag nicht ankommt, dann wird Ihr Kunde es sagen, und Sie können zusammen eine Alternative erarbeiten – ein Beweis für Ihr Entgegenkommen, was der Kunde zu schätzen weiß und woran er sich erinnern wird.

TIP: Sollten Sie sich einmal wegen einer Frist nicht ganz sicher sein, dann fragen Sie Ihren Kunden: »Wann möchten Sie es haben?« Vielleicht überrascht Sie der Kunde angenehm und schlägt von sich aus einen akzeptablen Termin vor, oder vielleicht fragt er Sie sogar: »Nun, wann können Sie es denn fertighaben?« Vorteilhaft ist diese Methode außerdem, weil sie dem Kunden das Gefühl verschafft, an der Entscheidung mitbeteiligt gewesen zu sein und die Dinge unter Kontrolle zu haben. Alle Menschen fühlen sich wohler, wenn sie merken, daß sie ihr Leben und die Dinge um sich herum zumindest etwas mitgestalten können.

Wenn der Kunde warten muß

Die beste Zeit für die Erledigung einer Sache ist die, die dem Kunden am besten paßt. Kundenunzufriedenheit aber bemißt sich nicht in Wartezeit. Sie entsteht weitaus häufiger aus Ungewißheit. Forschungsergebnisse zeigen, daß der frustrierendste Aspekt beim Warten *die Ungewißheit ist, wie lange man warten muß.*

Entwickeln Sie ein Gespür dafür, welche Wartezeit Ihre Kunden für angemessen halten. Einer Studie zufolge, die von der Zeitschrift *Restaurants & Institutions* durchgeführt wurde, bedeutet das Wort »schnell« für einen Gast eines Fast-Food-Restaurants fünf Minuten oder weniger, während Gäste in einem Restaurant bereit sind, bis zu dreißig Minuten auf ihr Essen zu warten. Ähnlich liegt der Fall im Einzelhandel, wo die Erwartungen von der Tageszeit abhängen und saisonbedingten Schwankungen unterliegen. In seiner Mittagspause ist der Kunde natürlich weniger bereit, zu warten, als an einem freien Sonntagnachmittag. Die vorweihnachtliche Einkaufszeit setzt andere Zeitmaßstäbe als andere Monate.

Denken Sie an Ihre eigenen Erfahrungen als Kunde. Wenn Sie hinter jemandem in der Schlange stehen, der darauf besteht, den Schuldenberg des Landes pfennigweise abzutragen, oder wenn Sie darauf warten, daß der Hersteller Ihrer neuen Möbel die Eichen dafür anpflanzt und hochzieht, dann ist die Ungewißheit – werde ich irgendwann in diesem Jahrhundert noch bedient? – belastender als das Warten selbst. Als Serviceprofi können Sie Pfennige auch nicht schneller zählen als andere, und Bäume können Sie auch nicht über Nacht wachsen lassen, aber Sie können das Warten weniger traumatisch gestalten. Geben Sie einem wartenden Kunden zu erkennen, daß Sie ihn wahrgenommen haben, und sagen Sie ihm so genau wie möglich, was los ist: »Ich habe gerade einen anderen Kunden, bin aber in etwa einer Viertelstunde fertig. Wenn Sie sich solange noch etwas umschauen möchten? Wenn ich hier fertig bin, komme ich sofort zu Ihnen.«

> **TIP:** Achten Sie ganz besonders dann auf die Wartezeit, wenn Sie Ihre Kunden nicht im Blickfeld haben. Das gilt für Kunden am Telefon genauso wie für Kunden in einem anderen Stadtteil, in einem anderen Ort oder in einem anderen Bundesland.

Wenn Sie den Kunden direkt vor sich haben, müssen Sie die Bestätigung, daß Sie ihn wahrgenommen haben, nicht unbedingt in Worten zum Ausdruck bringen. Bahman Djahanguri, der Inhaber von »*Yvette*«, einem gehobenen Restaurant in Minneapolis, pflegt seinem Bedienungspersonal zu sagen: »Die Augen sind ganz entscheidend. Beobachten Sie die Gäste die ganze Zeit. Stellen Sie Blickkontakt her. Geben Sie durch Ihre Handlungen zum Ausdruck: ›Ich weiß, daß Sie da sind. Ich komme gleich zu Ihnen.‹«

> Zeit ist die knappste Ressource, und wer sie nicht in den Griff bekommt, wird auch mit allem anderen nicht zurechtkommen.
>
> *Peter Drucker*, Managementtheoretiker

Kapitel 5

Umwerfender Service bedeutet: Vertrauen

> Ein Service auf beständig qualitativ hohem Niveau bedeutet im Grunde genommen zwei gleichermaßen wichtige Dinge: Aufmerksamkeit dem Kunden gegenüber und Kompetenz.
>
> *Chip R. Bell und Ron Zemke,* Service Wisdom

In vielen Unternehmen hat die Notwendigkeit, die Servicequalität anzuheben, dazu geführt, daß in zahllosen Übungsstunden Lächeln einstudiert wird, als ob der Schlüssel zur Erfüllung der Wünsche und Erwartungen der Kunden einzig in einer freudigen Begrüßung und in zur Schau getragener guter Laune bestünde. Der Serviceprofi von heute aber weiß, daß Aufmerksamkeit gegenüber dem Kunden weitaus mehr bedeutet.

Wäre oberflächlich »nett sein« die Antwort, dann wäre guter Service leicht, aber das ist so leider nicht der Fall. Damit wir uns nicht mißverstehen: Höflichkeit, gute Manieren und zivilisierte Umgangsformen sind wichtig – behandeln Sie Ihre Kunden wie Dreck, werden diese Sie auch nicht anders behandeln, und zwar grundsätzlich. Höflichkeit ist jedoch kein Ersatz für Kompetenz.

Wenn Sie Ihre Kunden umwerfend gut bedienen, dann beweisen Ihre Aktivitäten dem Kunden, daß er es mit einem gut geschulten, aufmerksamen Serviceprofi zu tun hat. Der Kunde weiß, daß er Ihnen aufgrund der Kompetenz und der Sicherheit, mit der Sie Ihre Arbeit erledigen, vertrauen kann.

Heutzutage erwarten die Kunden, daß die Menschen, mit denen sie geschäftlich zu tun haben, ihnen ein Gefühl der Sicherheit vermitteln. Und das erfordert mehr als die Beherrschung einiger erlernter Fertigkeiten im Umgang mit Menschen. Es ist die Kombination von Stil und Inhalt, mit der man Lorbeeren erntet und den Kunden dauerhaft gewinnt.

Mit schlechtem Service vertreibt man den Kunden

Profis in Sachen umwerfender Service wissen, daß ungeschickter Service tiefgehende Folgen hat. Eine Studie über den Einzelhandel weist nach, daß die Kunden Verkaufspersonal, das weniger über die Produkte weiß als sie selbst, als maßgeblichen Grund dafür nennen, daß sie vom Einkauf im Kaufhaus zur Bestellung aus dem Katalog überwechseln. Nach einer Studie über die Automobilbranche würden zwei Drittel der Autokäufer ihr nächstes Auto keinesfalls beim vorigen Händler kaufen. Die Gründe hierfür haben weniger mit dem Auto selbst zu tun, als vielmehr mit dem Ärger beim Kauf, mit dem »Theater« in den Ausstellungsräumen, und der trampelhaften Behandlung, die ihnen widerfuhr, wenn sie das Auto zur Inspektion brachten.

Aus diesem Grund hat ein umwerfend guter Service eine eminent positive Wirkung auf Ihre Firma, auf Ihre Kunden und auf Ihre Karriere. Der Kunde merkt sich einen guten Serviceanbieter, also sorgen Sie dafür, daß er Sie nicht vergißt! Verbinden Sie Inhalt und Stil – das heißt, achten Sie darauf, was Sie tun und wie Sie es tun – und vermitteln Sie dem Kunden das Gefühl, daß Ihnen etwas an ihm und an Ihrer Arbeit liegt.

Wie Sie Pluspunkte für Inhaltliches erzielen

Ein umwerfender Service ist auf Wissen und Know-how aufgebaut. Inhaltlich sichern Sie Ihren Stil mit folgenden vier Punkten:

1. *Produktkenntnis.* Der Kunde erwartet von Ihnen, daß Sie die Einzelheiten, Vorzüge und den Nutzen der Produkte und Dienstleistungen Ihrer Firma kennen. Ein Verkäufer, der vor den Augen des Kunden erst die Bedienungsanleitung studieren muß, um herauszufinden, wie die die Stereoanlage eingeschaltet wird, gibt nicht gerade ein gutes Bild ab.
2. *Betriebskenntnis.* Der Kunde erwartet von Ihnen, daß Sie über die Grenzen Ihres Arbeitsbereichs hinaus Bescheid wissen. Er erwartet, daß Sie die Arbeitsabläufe in Ihrer Firma kennen, so daß Sie ihn an jemanden verweisen können, der seine Wünsche erfüllen kann, wenn sie außerhalb Ihres Verantwortungsbereichs liegen. Können Sie dem Kunden schwierige Vorgänge auf einfache und einleuch-

tende Weise erklären, wenn sie in Ihr eigenes Aufgabengebiet fallen?

3. *Fähigkeit zum Zuhören.* Der Kunde erwartet von Ihnen, daß Sie ihm zuhören, daß Sie ihn verstehen und daß Sie auf seine spezifischen Bedürfnisse eingehen, wenn er sie Ihnen vorträgt. Er erwartet außerdem, daß Sie gezielte Fragen an ihn richten und die Informationen aus ihm herausholen, die Sie benötigen, um ihn effizient zu bedienen. Und er erwartet, daß Sie seinen Erklärungen folgen und sie begreifen, so daß er sich nicht wiederholen muß.
4. *Fähigkeit zum Problemelösen.* Der Kunde erwartet von Ihnen, daß Sie seine Bedürfnisse erkennen, während er sie vorträgt, und sie schnell mit dem Leistungsangebot Ihrer Firma in Einklang bringen. Und wenn etwas schiefläuft oder nicht funktioniert, dann erwartet er, daß Sie wissen, wie man Probleme behebt – vor allem, wie man sie schnell behebt.

Bonuspunkte für stilvolle Durchführung

Eine kompetente ärztliche Untersuchung, durchgeführt von einem unhöflichen, unordentlichen und abgelenkten Arzt, ist mit ziemlicher Sicherheit kein befriedigendes Erlebnis für den Patienten – egal wie gut der Arzt die technische Seite seines Metiers beherrscht. Wenn Sie im Inhaltlichen bereits kompetent sind, sollten Sie versuchen, sich durch einen überzeugenden Stil von anderen abzuheben. Dies beginnt schon beim ersten Eindruck. In ihrem Buch: *Contact: The first Four Minutes (Kontakt: Die ersten vier Minuten)*, behaupten Leonard und Natalie Zunin, daß »die ersten vier Minuten eines jeglichen Kontakts eine Art Vorsprechprobe sind«. Im Dienstleistungsgeschäft haben sie häufig weitaus weniger Zeit als vier Minuten zur Verfügung – viele der heutigen Dienstleistungstransaktionen sind bereits in zwanzig bis sechzig Sekunden gelaufen.

Aber der erste Eindruck ist nur der Anfang. Im Servicegeschäft teilt sich Stil durch alles mögliche mit. Die Art, wie Sie sich kleiden, wie Sie sich bewegen, ob Sie sich überhaupt bewegen oder hinter Ihrem Schreibtisch oder Ihrer Kasse verschanzt bleiben. Ihre Art zu sprechen, Blickkontakt herzustellen (oder auch nicht), Ihre Art, zuzuhören und zu reagieren. Ihre Art, sich zu geben, wenn Sie gerade keine Kunden bedienen, aber immer noch in deren Blickfeld sind. Wie Sie jemanden bedienen, der vor einem anderen in der Schlange steht. Alle diese Eindrücke summieren sich zu der Aussage: »Ich weiß, was Sie brauchen. Ich kann die Dinge für Sie regeln.«

Zuverlässiger, rascher und vertrauenserweckender Service, dargeboten von einem höflichen und gutinformierten Personal – was könnnte der Kunde noch mehr verlangen?

Kapitel 6

Umwerfender Service bedeutet: Einfühlungsvermögen

Der Kunde will nicht mit einer Firma oder einem Computer verhandeln. Er will mit einem lebendigen, zuvorkommenden und verantwortungsbewußten Menschen sprechen, der ihm zuhört und der ihn bei der Erfüllung seiner Wünsche unterstützt.

Theo Michelson,
Deputy Vice President, State Farm Insurance

Kein Kunde gleicht dem anderen. Kunden tragen ein breitgefächertes Spektrum an Wünschen, Bedürfnissen, Erwartungen, Einstellungen und Gefühlen an eine Dienstleistung heran. Daraus folgt, daß jeder Kunde wie ein Individuum behandelt werden will. Niemand läßt sich gern wie eine Nummer behandeln, von einem Servicemitarbeiter, der wie ein Roboter reagiert. Wenn Sie die emotionale Verfassung Ihrer Kunden erkennen, finden Sie auch viel leichter die beste Möglichkeit, Ihre Kunden effektiv und professionell zu bedienen.

Nehmen Sie einmal an, Sie würden den Partyservice eines exklusiven Hotels leiten, und überlegen Sie, wie Sie die Kunden in den folgenden zwei Beispielen dabei behandeln würden:

- Der unsichere Herr Müller betritt das Büro des Partyservice; er macht einen nervösen und angespannten Eindruck. Er plant eine Party anläßlich der Pensionierung seines Chefs, für den er seit zehn Jahren arbeitet. Es ist ganz offensichtlich, daß er eine derartige Veranstaltung zum ersten Mal organisiert.

- Für die sehr sicher auftretende Frau Weber ist die Organisation von festlichen Anlässen ein alter Hut. Das Galadiner der Verkaufsabteilung ihrer Firma ist bereits das vierte Ereignis dieser Art, das sie in diesem Jahr organisiert. Als sie das Büro des Partyservice betritt, weiß sie längst haargenau, was sie will. Ihre Haltung ist ganz deutlich: »Alle mal zuhören, jetzt gebe ich Anweisungen.«

Wie würden Sie vorgehen, um sowohl Herrn Müller als auch Frau Weber als Individuen zu behandeln? Bei Herrn Müller ist unbedingt darauf achten, daß er seine Nervosität ablegt. Man muß sich viel Zeit für ihn nehmen und ihm das Gefühl vermitteln, daß die Planung und der Ablauf seiner Party für ihn keine Probleme mit sich bringen.

»Herr Müller, Sie können sich darauf verlassen, daß ich Ihnen bei jedem einzelnen Schritt zur Seite stehe. Geben Sie mir doch zunächst einige Informationen über das Ereignis, anschließend zeige ich Ihnen, wie wir das Ganze Schritt für Schritt planen können.«

Die selbe Technik auf Frau Weber angewendet, würde sie wahrscheinlich frustieren, wenn nicht sogar beleidigen. Für sie sind Ihre freundlichen, langatmigen Ausführungen vermutlich eine Verschwendung ihrer kostbaren Zeit. Sie erwartet von Ihnen, daß Sie ihre Fähigkeiten, die sie bereits bei der Organisation anderer Festivitäten unter Beweis gestellt hat, würdigen:

»Guten Tag, Frau Weber. Schön, daß wir wieder einmal zusammenarbeiten können! Wie ich sehe, haben Sie bereits eine Aufstellung der benötigten Dinge mitgebracht. Wenn Sie mich einmal einen Blick darauf werfen lassen, können wir eventuell noch offenstehende Fragen gleich klären.«

Wenn Sie jeden Kunden als Individuum ansehen und ihn auch so behandeln, dann können Sie die Bedürfnisse jedes einzelnen viel leichter auf der ihm entsprechenden Ebene erfüllen.

Was ist der Unterschied zwischen Einfühlung und Mitgefühl?

In welcher emotionalen Verfassung Ihr Kunde sich auch befindet – zurückhaltend oder voller Selbstvertrauen – es ist stets gleich wichtig, daß Sie begreifen, was der Kunde Ihnen zu erklären versucht, und daß Sie merken, welche Gefühle er an die Dienstleistung heranträgt, wegen der er zu Ihnen gekommen ist. Wenn die Gemüter sich jedoch erhitzen, besonders wenn etwas nicht wunschgemäß läuft, dann läßt man sich schnell von den Gefühlen des Kunden anstecken. Dies kann jedoch Ihre Fähigkeit, Kunden erfolgreich zu bedienen, empfindlich beeinträchtigen.

TIP: Es ist nichts gewonnen, wenn Sie mit einem Kunden wegen eines Problems einen Streit anfangen. Wenn etwas danebengeht oder nicht ganz so läuft, wie es sollte, so müssen Sie Mensch und Dienstleistung auseinanderhalten können und Ihre ganze Kraft darauf verwenden, das, was schiefgelaufen ist, wieder zurechtzurücken.

Für den Umgang mit den Emotionen des Kunden ist es hilfreich, den Unterschied zwischen »Einfühlung« und »Mitgefühl« zu kennen. Beide haben damit zu tun, daß man auf die Emotionen anderer reagiert, aber auf unterschiedliche Weise:

Mitgefühl bedeutet, daß man sich mit den Gefühlen eines anderen identifiziert und sie sogar übernimmt. Eine Reaktion, die von Mitgefühl geprägt ist, könnte so lauten: »Auch ich ärgere mich riesig, daß man Ihnen die falschen Sachen geliefert hat.«

Einfühlung bedeutet, daß man den gefühlsmäßigen Zustand des anderen als gegeben hinnimmt und dies zum Ausdruck bringt. Eine einfühlsame Reaktion würde wie folgt lauten: »Ich kann gut verstehen, daß Sie sich darüber ärgern.«

TIP: Wenn Sie wegen eines Mißgeschicks zusammen mit dem Kunden in Trauer verfallen, ist keinem von Ihnen geholfen. Als Serviceprofi müssen Sie das Mißgeschick und die Person, der es widerfahren ist, klar auseinanderhalten. Am ersteren arbeiten Sie, um die Dinge wieder ins Lot zu bringen.

Wer auf seine Kunden mit Mitgefühl reagiert, liefert sich einem turbulenten Auf und Ab der Gefühle aus und ist am Ende eines Arbeitstags wahrscheinlich erschöpft und ausgelaugt. Der Trick bei der Sache ist, daß Sie emotional wach und sensibel sein müssen, ohne sich gefühlsmäßig in eine Sache verwickeln zu lassen. Wenn Sie mit Einfühlung reagieren, bleiben Sie ruhig und haben sich unter Kontrolle. Nur dann sind Sie in absoluter Topform, nämlich willens und tatsächlich auch in der Lage, dem Kunden zu helfen.

Wer seinen Kunden gegenüber Einfühlungsvermögen zeigt, kann professionell und fürsorglich gleichzeitig agieren. Außerdem baut man damit das Selbstwertgefühl des Kunden auf. Einfühlung gibt es nicht auf Knopfdruck am Automaten; sie kann nur von Mensch zu Mensch erfolgen. Es gibt eben keinen Ersatz für den »Human Touch«, den ein umwerfender Service vermittelt. Das ist es, was hochqualitativen Service zu harter Arbeit macht. Aber genau das macht ihn auch so lohnenswert.

TIP: Gelegenheiten zu zwischenmenschlichen Kontakten werden heutzutage immer rarer. Unsere Einkäufe erledigen wir im Supermarkt und bezahlen sie an unpersönlich gestalteten Kassen. Bankgeschäfte erledigen wir per Post oder an einem Bankautomaten, und unsere Mahlzeiten holen wir an Drive-in-Schaltern ab. Kein Wunder, daß der Kunde sich bei so viel High Tech bei den Serviceleuten nach etwas »High Touch« sehnt. Ihnen steht er ja noch von Angesicht zu Angesicht gegenüber. Setzen Sie daher Ihr Einfühlungsvermögen ein, damit Ihr Kunde spürt, daß Sie und er Menschen sind und keine Maschinen.

Dem Kunden ist es egal, was Sie wissen, Hauptsache
er weiß, daß *er* Ihnen nicht egal ist.

Digital Equipment Corp., Kundenbetreuung

Kapitel 7

Umwerfender Service bedeutet: Konkrete Dinge

Vom Standpunkt des Kunden aus betrachtet handelt es sich nur dann um Service, wenn er ihn sehen, wenn er auf ihm gehen, wenn er ihn anfassen, hören, tragen, betreten, berühren, benutzen, ja sogar riechen, schmecken, fühlen oder sonstwie spüren kann.

SuperAmerica Training Program

Service läßt sich schwer in konkrete Begriffen fassen. Service ist nicht quantifizierbar. Man kann einen Kinobesuch oder eine Blinddarmoperation nicht in Flaschen abfüllen, genausowenig wie man ein Metermaß an die Tips eines Börsenmaklers oder die Ideen eines Innennarchitekten anlegen kann. Zwanzig Minuten bei einem Arzt oder in einer Autowerkstatt werden nicht unbedingt besser oder schlechter als zehn Minuten oder dreißig Minuten bewertet. Es ist die Qualität des Geleisteten, nicht die Quantität der dafür benötigten Zeit, die den Ausschlag gibt. Was Service so kompliziert macht, ist seine immaterielle Natur.

Und doch gibt es bei jedem Kundenkontakt konkrete Dinge – sowohl davor, beim Kontakt selbst und auch danach –, welche die Wahrnehmung des Kunden in Bezug auf die Qualität des von Ihnen geleisteten Service beeinflussen. Wenn ein Kunde Sie nach dem Weg fragt, und Sie die Hand heben und mit dem Finger in die richtige Richtung deuten, dann handelt es sich um einen immateriellen Dienstleistungsakt. Wenn Sie ihm eine Wegbeschreibung auf ein Stück

Papier aufmalen, dann wird die Sache greifbar. Der fünfte und letzte Schlüssel zur Beherrschung des Einmaleins eines umwerfenden Service ist das Verständnis für die Bedeutung von konkreten Dingen, wenn es darum geht, einen nicht greifbaren, immateriellen Service eindrucksvoll und befriedigend zu gestalten.

Stellen Sie sich vor, sie würden zum Essen ausgehen:

- *Bevor* Sie ein Restaurant betreten, bilden Sie sich bereits anhand verschiedener konkreter Dinge ein Urteil. Dazu gehören: die Reklame, die Sie irgendwo gesehen haben, oder eine Empfehlung, die Sie gelesen oder gehört haben. Während Sie hinkommen, fällen Sie weitere Urteile: Macht das Restaurant von außen einen gepflegten Eindruck? Bietet es Parkplätze? Riecht es angenehm nach leckerem Essen oder schlägt Ihnen ein ranziger, abgestanderer Geruch entgegen?
- *Beim Betreten des Restaurants* setzt sich Ihr Beurteilungsprozeß fort: Ist die Bedienung freundlich? Sehen die Räumlichkeiten sauber aus? (Und wenn dies nicht der Fall wäre: würden Sie dort wirklich essen wollen?) Gibt es eine Garderobe? Gibt es ein Telefon, ist der Weg zu den Toiletten ausgewiesen?
- *Während* des Essens beurteilen Sie weitere konkrete Dinge, angefangen vom Aussehen der Tische, Gedecke und Speisekarte bis zu den kleinen Extras, zum Beispiel den Malstiften, die die Bedienung für Ihr Kind bringt. Sie beurteilen ferner, wie das Essen serviert wird, wie es auf den Tellern angerichtet ist, und natürlich auch, wie es schmeckt.
- *Nach* dem Essen gibt es immer noch verschiedene Formen konkreter Beweise für Sie, die ins Gewicht fallen. Ist die Rechnung sauber abgefaßt, korrekt und klar verständlich, oder haben Sie das Gefühl, mehr zu bezahlen, als Ihnen das Essen wert war? Werden Sie freundlich verab-

schiedet? Erhalten Sie vielleicht sogar ein kleines Abschiedsgeschenk?

Wie Sie den Wert Ihres Service demonstrieren können

Konkrete Dinge unterstützen die Vermittlung des Wertes der immateriellen Aspekte einer Servicetransaktion. Sie sind eine wichtige Hilfe, anhand derer der Kunde sich sich ein besseres Bild über Ihren Service machen und dessen Qualität leichter beurteilen kann.

TIP: Wenn Sie dem Kunden beim Überschlagen der Kosten einer Neuanschaffung behilflich sein wollen, egal, ob es sich um eine Stereoanlage oder eine Teppichbodenverlegung handelt, dann sollten Sie Ihre Kalkulationen fein säuberlich auf ein Blatt Papier schreiben und es mit Ihrem Namen und Ihrer Telefonnummer versehen. Ihr Kunde wird sich anhand Ihrer Notizen gut erinnern können, welch hervorragenden Service Sie ihm geboten haben.

Die Faustregel in puncto konkrete Dinge, mit denen Sie die Wahrnehmung Ihres Service steuern können, lautet: Geben Sie dem Kunden nie etwas, was Sie selbst nur ungern entgegennehmen würden, was Ihnen peinlich wäre oder was Sie verärgern würde, wenn Sie es präsentiert bekämen. Hier sind drei Möglichkeiten, wie man den Wert einer Servicetransaktion demonstrieren kann:

1. Achten Sie auf Ihre eigene Erscheinung und das Aussehen der Materialien, die Sie dem Kunden aushändigen. Überreichen Sie solche Dinge persönlich, anstatt Sie auf den Ladentisch zu knallen oder es dem Kunden zu überlassen, sie einzusammeln, zu sortieren oder zu tragen.

2. Wenn ein Kunde seinen Namen, seine Telefonnummer oder sonstige Daten und Fakten angibt, so notieren Sie diese. Damit demonstrieren Sie, daß Sie diese Informationen wichtignehmen. Achten Sie besonders darauf, daß Sie derlei Dinge richtig aufschreiben – lesen Sie sie dem Kunden noch einmal vor, um sicherzustellen, daß Sie keinen Fehler gemacht haben.
3. Vergewissern Sie sich, daß die Bereiche Ihres Arbeitsplatzes, die der Kunde einsehen kann – und besonders diejenigen, die er anfassen kann – sauber, sicher und so bequem wie möglich sind.

Wenn ein Kunde Ihren Service seinen Freunden oder Kollegen weiterempfiehlt – also Leuten, die Ihre nächsten Kunden sein könnten – dann werden diese ihre Aufmerksamkeit auf die konkreten Dinge richten. Damit Ihre Kunden immer wieder zu Ihnen kommen, sollten Sie das Greifbare so gestalten, daß es unzweideutig positiv für Sie und Ihren Service spricht.

Der erste Eindruck zählt.

Sprichwort

Kapitel 8

Kunden gibt es überall – drinnen wie draußen

> Wenn Sie den Kunden gerade nicht bedienen, dann ist es Ihre Aufgabe, sich in den Dienst des Kunden zu stellen.
>
> *Jan Carlzon*, Vorstandsvorsitzender (CEO) von SAS (Scandinavian Airlines)

Service findet nicht nur »an der Kundenfront« statt, also da, wo die im Service beschäftigen Personen dem Kunden als Abnehmer direkt gegenübertreten. Vielleicht bekommen Sie die Kunden, die die Produkte oder Dienstleistungen Ihrer Firma kaufen, nicht einmal zu Gesicht. Sind Sie deshalb etwa kein Serviceprofi? Aber sicher! Jeder hat Kunden, genauso wie jeder ab und zu selbst Kunde ist.

Denn es gibt zwei Grundtypen von Kunden:

1. *Externe Kunden*: Das sind die Leute, die Produkte und Dienstleistungen von Ihnen beziehen. Sie sind »extern«, das heißt außerhalb Ihrer Firma; sie stellen die Einnahmequelle dar, aus der die Gelder für zukünftige Aktivitäten fließen. Ohne diese Leute würden Sie nicht lange im Geschäft bleiben.
2. *Interne Kunden*: Das sind die Leute, die für Ihre Firma arbeiten. Unabhängig davon, ob diese in der gleichen Firma wie Sie arbeiten oder in einem anderen Land, ob sie am Nachbarschreibtisch in Ihrer Abteilung sitzen, ob sie von Ihnen und Ihrer Arbeit abhängig sind, damit diese wiede-

rum ihre Arbeit erledigen können bzw. ihre Kunden bedienen können – es handelt sich ebenfalls um *Ihre* Kunden.

Es besteht eine auffallend enge und logische Verbindung zwischen der Art und Weise, wie interne Kunden behandelt werden, und wie externe Kunden die Qualität eines Service wahrnehmen. Benjamin Schneider, Professor für Psychologie und Management an der Universität von Maryland, ist weithin bekannt für seine Forschung über den Zusammenhang zwischen der inneren Einstellung des Personals und dem Geist, der ein Unternehmen trägt. Ihm zufolge schlägt sich das Engagement der Mitarbeiter bei der »Bedienung« interner Kunden unweigerlich auf den externen Kunden nieder, und es ist fast unmöglich, guten externen Service zu bieten, wenn Ihre Firma intern keinen guten Service leistet. Ohne die Bereitschaft, Service von umwerfender, erstklassiger Güte innerhalb der Firma zu leisten, kann auch kein entsprechender Service nach draußen zum Endverbraucher gelangen.

Erkennen, wer Kunde ist

Als Jan Carlzon die aufsehenserregende Wende bei Scandinavian Airlines herbeiführte, mit der er einen Geschäftsverlust von 8 Millionen Dollar im Jahr 1981 in ein Plus von 71 Millionen Dollar im Jahr 1982 verwandelte, griff er weder zu neuen Werbestrategien noch zu einer ausgeklügelten Bilanzdarstellung. Er bewirkte dies allein dadurch, daß er auf allen Ebenen des Unternehmens ganz kompromißlos den Kunden in den Mittelpunkt stellte. Kernpunkt dieser Strategie war eine Änderung der Art und Weise, wie die Leute innerhalb von SAS andere SAS-Mitarbeiter sahen und wie sie mit ihnen zusammenarbeiteten.

Carlzons Servicestrategie war folgende: Er wollte die SAS zur besten Fluggesellschaft für Geschäftsreisende machen. Um dies zu erreichen, mußten alle Mitarbeiter den Dienst am Kunden in den Mittelpunkt stellen. Carlzon wußte aber auch, daß nicht alle Mitarbeiter im Unternehmen in direktem Kontakt mit den externen Kunden, also den Passagieren, standen. Ein ganz beträchtlicher Teil der SAS-Mitarbeiter bediente nämlich einzig interne Kunden:

- Die Techniker sorgen dafür, daß das Bodenpersonal und die Piloten die Maschinen stets pünktlich fliegen lassen können.
- Das Cateringpersonal bringt Essen und Getränke an Bord, so daß die Flugbegleiter für das leibliche Wohl der Passagiere sorgen können.
- Die Manager schließlich müssen dafür sorgen, daß ihre Leute an der Kundenfront alles zur Verfügung haben, was sie benötigen, um den Passagieren dienen zu können.

Um sicherzugehen, daß jeder wußte, wo er in der neustrukturierten SAS stand, verkündete Carlzon eine simple, universale Arbeitsbeschreibung: »Wenn Sie den Kunden gerade nicht bedienen, dann ist es Ihre Aufgabe, sich in den Dienst des Kunden zu stellen.« Dies war eine klare Botschaft an alle, angefangen von den Mitarbeitern an der Kundenfront bis zum Management, daß die Airline nur dann überleben konnte, wenn alle zusammenarbeiteten, um das Unternehmen auf den Kunden hin zu orientieren. Seine Botschaft besagte außerdem, worauf sämtliche Mitarbeiter ihre Anstrengungen richten mußten: auf den Service.

Interne Kunden

Wer ein externer Kunde ist, läßt sich relativ einfach feststellen. Schwieriger ist es hingegen häufig, festzustellen, wer eigentlich innerhalb der Firma Kunde ist. Möglicherweise bekommen Sie Ihre internen Kunden gar nie zu Gesicht. Vielleicht wissen Sie nicht genau, was mit Ihrer Arbeit geschieht, wenn sie Ihren Schreibtisch oder Ihre Abteilung verläßt. Vielleicht bedienen die Leute, die von Ihnen bedient werden, umgekehrt auch Sie. Die Beziehung von Kunde zu Dienstleistender innerhalb einer Firma ist nicht statisch. Sie kann sich tagtäglich oder von Augenblick zu Augenblick ändern.

TIP: Wie können Sie herausfinden, wer welche Funktion erfüllt? Bei der Auskunftei Dun & Bradstreet stellen die Mitarbeiter anhand zweier ganz einfacher Fragen fest, wer externer oder interner Kunde ist:

1. Wohin geht meine Arbeit?
2. Für wen ist meine Arbeit wichtig?

Bei Dun & Bradstreet bedient jeder Kunden – egal, wo in der Unternehmenshierarchie er steht. In Ihrer Firma ist derjenige Ihr Kunde, der aus Ihrer Arbeit einen Nutzen zieht – oder umgekehrt, der darunter zu leiden hat, wenn Ihre Arbeit schlecht oder gar nicht erledigt wird.

Wenn Sie zum Beispiel in der Telefonzentrale Ihrer Firma die telefonischen Bestellungen der Kunden aufnehmen, dann bedienen Sie ganz klar externe Kunden. Aber Sie haben auch interne Kunden. Wer erhält die Bestellungen, die Sie von den externen Kunden entgegengenommen haben? Was geschieht, wenn Sie bei diesen Bestellungen wesentliche Informationen weglassen oder falsch weitergeben? Was Sie tun bzw. unterlassen, wirkt sich auf Ihre externen Kunden aus: diese bekommen nicht, was sie geordert haben. Darüberhinaus sind auch Ihre internen Kunden im Lager, in der Buchhaltung oder im Versand betroffen: Sie erhalten eine Reklamation, wenn eine Bestellung falsch oder gar nicht beim Kunden eintrifft.

> **TIP:** Wenn Sie festgestellt haben, wer Ihre Kunden sind, dann fragen Sie sie, was sie an Ihrem Service gut finden und was nicht. Nutzen Sie das Feedback, um die Qualität Ihrer Arbeit anzuheben.

Kunden gibt es wahrlich überall, sowohl außerhalb der Firma als auch innerhalb. Es ist Ihre Aufgabe, Ihre Kunden zu identifizieren und zu wissen, was sie von Ihnen brauchen und wie Sie es ihnen geben können. Die Zufriedenheit der externen wie auch der internen Kunden auf diese Weise anzuheben, trägt wesentlich zum Gefühl von Teamarbeit und Zusammenhalt bei, auf dem gute Unternehmen aufgebaut sind.

Der Dienst am Kunden erfordert ein
Gesichtsfeld von 360 Grad.

Schild über dem Schreibtisch eines Lagerverwalters

Kapitel 9

Die zehn Todsünden des Kundenservice

Würden *Sie* Geschäfte mit sich selbst tätigen?

Linda Silverman Goldzimer,
»I'm First«: Your Customer's Message to You

Jeder hat ein paar unangenehme Eigenschaften, die andere ärgern oder stören. Als Kind hat es Ihnen vielleicht Spaß bereitet, ein jüngeres Geschwisterchen absichtlich zu ärgern. Als Erwachsener erkennt man dann, daß man mit Angewohnheiten und Verhaltensweisen, die anderen auf die Nerven gehen, nicht nur schlechte Manieren beweist, sondern daß man sich damit auch in ziemliche Schwierigkeiten bringen kann – besonders am Arbeitsplatz.

Umwerfender Service ist eine positive Philosophie. Dazu gehört aber auch, daß man weiß, was man besser unterläßt. Allerdings kann man nicht immer im voraus erahnen, was einem bestimmten Kunden auf die Nerven gehen könnte. Es gibt aber einige Dinge, die jeden irritieren würden, wenn er in der Lage des Kunden wäre. Sie sollten solche Dinge zu Ihrem eigenen Wohle als auch zum Wohle Ihres Kunden tunlichst unterlassen.

Wir nennen Ihnen nachfolgend zehn »Sünden«, die man besser nicht begehen sollte. Es sind Handlungs- und Verhaltensweisen, die viele im Kundenservice Beschäftigte (natürlich weder Sie noch wir!) an den Tag legen und die nach Aussage der Kunden höchst ärgerlich sind. Unsere Liste beruht zwar größten Teils auf eigenen Forschungsergebnissen und auch auf unserer eigenen Erfahrung als Kunden, trotzdem sind wir Karl Albrecht für Hinweise aus seinem Buch *At America's Service* zu Dank verpflichtet.

Zehn Sünden, die man leicht vermeiden kann

1. »*Das weiß ich nicht.*« Einer Studie zufolge, die mit Einzelhandelskunden in Washington durchgeführt wurde, ist das Umsteigen der Kunden auf den Einkauf nach Katalog vorderrangig damit zu erklären, daß das Verkaufspersonal in den Geschäften zu wenig über die Ware informiert ist, die es verkauft. Kunden erwarten, daß man über die Produkte und Dienstleistungen, die man anbietet, Bescheid weiß. Wenn Sie die Frage eines Kunden nicht richtig beantworten können, dann sollten Sie dem obigen Satz unbedingt folgende Worte hinzufügen: » ... aber ich werde es herausfinden.«
2. »*Mir ist alles egal.*« Dem Kunden ist es gar nicht egal, wer ihn bedient. Er will spüren, daß Sie stolz auf das sind, was Sie tun. Dies bestärkt ihn in seinem Gefühl, daß seine Entscheidung, bei Ihnen einzukaufen, richtig war. Wenn Ihre Haltung, Ihre Erscheinung und Ihre Redeweise zum Ausdruck bringen, daß Sie lieber woanders wären, dann wird Ihr Kunde sich garantiert dasselbe wünschen.
3. »*Lassen Sie mich bloß in Ruh!*« Taten sagen mehr als Worte. Das können Sie ruhig glauben. Wenn Ihnen die Unterhaltung mit einem Kollegen oder ein privates Telefongespräch sichtlich wichtiger sind als ein Kunde, oder wenn Sie die Bemühungen eines Kunden, Ihre Aufmerksamkeit zu erheischen, fleißig ignorieren, dann ist der Kunde mit Recht verärgert.
4. »*Sie sind mir unsympathisch!*« Kunden sind sensibel gegenüber einer Einstellung, die subtil oder offen besagt: »Sie sind mir lästig; gehen Sie bitte wieder.« Keinem be-

hagt ein Kontakt mit einem Servicemenschen, der einen abfällig oder deutlich feindselig behandelt. Je aggressiver und unausstehlicher Ihr Verhalten ist, desto tiefer wird sich das als Negativerlebnis im Gedächtnis Ihres Kunden eingraben, und das ist ja nicht der Zweck von Service.

5. *»Das weiß ich besser als Sie.«* Wer einem Kunden ins Wort fällt oder eine Lösung auftischt, bevor er überhaupt sein Problem oder seine Frage zu Ende vorgetragen hat, wirkt penetrant. Das gleiche gilt auch für Serviceleute, die einen Kunden zu einer Kaufentscheidung drängen wollen. Ein fundiertes Wissen ist dazu da, um den Kunden besser zu bedienen, nicht, um ihn mit Gewalt zu etwas zu zwingen.
6. *»Sind Sie aber dumm!«* Es gibt keine dummen Fragen, höchstens dumme Antworten. Wenn ein Kunde eine ungenaue oder falsche Vorstellung von dem hat, was er haben will oder was Sie für ihn tun können, und Sie ihn dann rüde abwürgen oder lächerlich machen, dann werfen Sie ihm die Tür ins Gesicht. Und durch Ihre Türe wird der Kunde das nächste Mal, wenn er etwas kaufen oder erledigen will, wahrscheinlich nicht mehr treten.
7. *»Leute Ihrer Sorte sind hier unerwünscht.«* Genauso, wie es Kunden aller Art gibt, so gibt es auch die verschiedensten Vorurteile, sei es in bezug auf Aussehen, Größe, Alter, Hautfarbe, Bildungsniveau und was einem sonst noch in dieser Richtung einfällt. Aber unabhängig von Gesellschaftsschicht oder sonstigen Einteilungskriterien ist jeder Kunde ein Individuum, das mit Höflichkeit und Respekt behandelt werden will (und dies im übrigen auch verdient). Gehören Sie auch zu den Serviceleuten, die Kunden im Anzug anders behandeln als solche, die in Jeans und T-Shirt daherkommen? Gehen Sie etwa auch von der Annahme aus, daß ältere Kunden nicht in der Lage sind, komplexe Dinge zu begreifen, oder daß jüngere Kunden nicht ernsthaft daran interessiert sind, etwas zu

kaufen? Ihre innere Einstellung offenbart sich auf Weisen, die Sie niemals vermuten würden.

8. »*Kommen Sie bloß niemals wieder zu mir.*« Man bedient Kunden deshalb gut, weil man sie davon überzeugen will, daß sie immer und immer wieder zu einem kommen sollen. Die einfachste Methode, wie man seine Kunden vergraulen kann, ist die, daß man ihnen in Worten und Taten klarmacht, daß sie einem auf die Nerven gehen und daß man sie so schnell wie möglich und am besten für immer loswerden will. Sich beim Kunden für dessen Besuch und Treue zu bedanken, legt dagegen den Grundstein zu einer Beziehung, auf die man bauen kann.

9. »*Ich habe recht und Sie haben unrecht.*« Eine der simpelsten (und menschlich auch verständlichsten) Fallen, in die man tappen kann, ist es, mit einem Kunden einen Streit anzufangen, weil man beleidigt ist, oder weil es einem mehr um den persönlichen Stolz als um professionellen Service geht. Der Kunde hat natürlich nicht immer recht, aber es kostet Sie nichts, wenn Sie ihm im Zweifelsfalle recht geben.

10. *»Beeilen Sie sich und warten Sie!«* Der Faktor Zeit ist heute mehr als alles andere zur Nummer-Eins-Obsession geworden. Jeder hat nur vierundzwanzig Stunden am Tag, und davon will natürlich keiner etwas verschwenden, wobei es gleichgültig ist, ob man darauf warten muß, daß irgend etwas eintrifft, oder ob man zu einer überhasteten Entscheidung gedrängt wird, die man früher oder später bereut. Respektieren Sie die Zeit Ihres Kunden, so werden Sie auch seiner Wertschätzung gewiß sein.

Michael Babers Regeln für den Kundenservice

Geben Sie dem Kunden das Gefühl, daß Sie ihm zuhören.
Geben Sie dem Kunden das Gefühl, daß Sie ihn verstehen.
Geben Sie dem Kunden das Gefühl, daß Sie ihn sympathisch finden.
Geben Sie dem Kunden das Gefühl, das Sie ihn respektieren.
Geben Sie dem Kunden das Gefühl, daß Sie ihm behilflich sein können.
Geben Sie dem Kunden das Gefühl, daß Sie ihn schätzen und achten.

Michael Baber, Integrated Business Leadership Through Cross Marketing

Kapitel 10

Der Kunde ist stets ... der Kunde

Unsere Geschäftspolitik lautet:
Regel 1: Der Kunde hat immer recht.
Regel 2: Sollte der Kunde einmal nicht recht haben,
so tritt automatisch Regel eins in Kraft.

Stew Leonard's Dairy Store,
Norwalk, Connecticut

Diese Regeln, eingemeißelt in einen 3,000 Kilogramm schweren Felsbrocken vor dem Eingang zu Stew Leonards Molkerei, der weltweit größten (und umsatzstärksten) Molkerei, sind dem einen oder anderen vielleicht bekannt.

Sie sind aber falsch.

Warum also verkündet ein derart erfolgreicher und intelligenter Geschäftsmann wie Stew Leonard derartige Grundsätze am Eingang seines Geschäft? Weil er weiß, daß die Wahrheit, nach der er und seine Mitarbeiter leben und handeln, so lautet: Kunden haben nicht immer recht, aber sie sind *trotzdem stets unsere Kunden.*

Recht oder unrecht haben

Der Kunde hat nicht immer recht. Das wissen Sie genausogut wie wir. Dies weisen Studien des in Washington ansässigen Tarp Instituts, einem führenden amerikanischen Marktforschungsinstitut auf dem Gebiet der Dienstleistungen, sogar wissenschaftlich nach. TARP hat festgestellt, daß die Kunden rund ein Drittel der Service- und Produktprobleme, über die sie sich beschweren, selbst verursachen. Blind zu glauben oder so zu handeln, als ob man glaube, daß der Kunde stets recht habe, kann sich nachteilig auf einen selbst und auf den Kunden auswirken.

Dieses »Der-Kunde-hat-immer-recht-Denken« kann zum Hindernis für Problemlösungen und Kundenerziehung werden. Sie können ein Problem oder eine falsche Auffassung nicht korrigieren, wenn Sie nicht zugeben dürfen, daß so etwas vorliegt. Der Kunde verursacht deshalb häufig Probleme oder glaubt falsche Dinge, weil wir ihn nicht anders erzogen haben. Wir sind mit den Produkten und Dienstleistungen, die wir verkaufen, derart vertraut, daß wir oft vergessen, was man alles darüber wissen muß bzw. daß man den Lernprozeß des Kunden unterstützen muß.

Weitaus gefährlicher am »Der-Kunde-hat-stets-recht-Denken« ist wahrscheinlich, daß es den Leistungserbringer in eine unterlegene Position bringt. Dies führt dann zu folgendem: »Sie werden nicht dafür bezahlt, zu denken oder Fragen zustellen. Lächeln Sie einfach nur und machen Sie das, was der Kunde von Ihnen will.« Kein Wunder, daß in einer solchen Umgebung Service in Frondienste ausartet: »Guten Tag, ich heiße Peter und ich bin heute Ihr persönlicher Diener.«

Zuletzt bedeutet die Aufrechterhaltung der Vorstellung, der Kunde habe stets recht, daß Sie Ihrerseits im Unrecht sind, wenn einmal etwas schiefläuft (was ja immer mal vorkommen kann). Sie wissen selbst, daß das falsch ist. Wenn Sie bei McDonald's hinter dem Tresen stehen und ein Kunde auf Sie zumarschiert und einen McLobster und eine Flasche McChampagner bestellt, dann ist wohl klar, wer recht hat und wer nicht. Darauf kommt es aber nicht an. Ihre Aufgabe ist es, das Erlebnis des Kunden so zu managen, daß er zum Schluß recht hat *und* Ihr Kunde bleibt.

Warum es uns Serviceleute gibt

Der Kunde ist der einzige Grund dafür, daß es uns Serviceleute gibt. Das Wissen, daß der Kunde eben nur ein Kunde ist (und nicht ein Problem, ein Feind oder ein Fluch des Schicksals), hilft einem, seine Anstrengungen darauf zu richten, wo sie hingehören, nämlich, den Kunden zu halten. Das Ziel jeder Servicetransaktion ist es, und muß es sein, den Kunden derart zufriedenzustellen und zu erfreuen, daß er immer wieder zu Ihnen kommt. Dazu müssen Sie geschickt und flexibel sein. Sie müssen über die Produkte und Dienstleistungen, die Sie verkaufen, mehr wissen als der Kunde. Sie müssen gegenüber der Tatsache sensibel sein, daß Kunden, genau wie Serviceprofis, auch nur Menschen mit menschlichen Schwächen und Gefühlen sind. Hat der Kunde einmal nicht recht, dann sind Sie aufgerufen, Ihr ganzes Können einzusetzen, um ihn ins Recht zu setzen, und zwar derart, daß der Kunde weder beschämt noch beleidigt ist.

Drei Wege, wie man den Kunden ins Recht setzen kann

1. *Tun Sie so, als ob der Kunde nicht schuld sei.* »Schuldig bis das Gegenteil erwiesen ist« funktioniert mit Kunden nicht besonders gut. Nur weil das, was der Kunde sagt, Ihnen falsch erscheint, muß es noch lange nicht falsch sein. Vielleicht kann er nur nicht gut erklären, was er will oder braucht, oder die Bedienungsanleitung oder ähnliches waren falsch oder fehlten.

»Ja, ich weiß, was passiert ist. Die Diskette ist kopiergeschützt, das ist der ganze Grund, warum Ihr Computer abstürzte, als Sie die Diskette auf die Festplatte kopieren wollten. Leider geht die Bedienungsanleitung davon aus, daß Sie wissen, daß das passieren kann. Wir könnten Ihr Problem auf folgende Weise beheben ...«

2. *Suchen Sie nach Möglichkeiten, wie Sie den Kunden weiterbilden können.* Läßt sich ein Mißverständnis auf mangelnde Informationen auf Kundenseite zurückführen? Stellen Sie sicher, daß der Kunde die nötigen Informationen jetzt bekommt.

»Ich bin froh, daß Sie mich jetzt davon unterrichten. Die Informationen, die Sie gebraucht hätten, waren hier in Ihrem Infopaket, aber es ist verständlich, daß Sie sie übersehen haben, so wie sie hier zwischen all diesen anderen Papieren versteckt liegen. Sehen wir einmal Ihr Infopaket durch, damit wir weitere unangenehme Überraschungen vermeiden können.«

3. *Glauben Sie dem Kunden.* Manchmal stellt sich heraus, daß ein Kunde, von dem Sie anfänglich glaubten, daß er hundertprozent nicht recht habe, letztendlich doch recht hat. Wenn Sie dessen Bitte oder Beschwerde erbarmungslos vom Tisch gefegt haben, dann müssen Sie nun, so unangenehm es auch ist, bescheiden und unterwürfig auftreten und den Kunden inständig um Entschuldigung bitten. Das wichtigste an umwerfenden Service ist, daß Sie Ihre Kundenbeziehungen intakt halten. Gehen Sie also im Zweifelsfalle davon aus, daß der Kunde recht hat.

»Sehen wir einmal in der Werbebroschüre nach, ob der Preis, den Sie mir nennen, auch für dieses Modell gilt. Ja, tatsächlich, so ist es! Dankeschön, daß Sie mich darauf aufmerksam gemacht haben! Ich werde mich sofort darum kümmern, daß die Preisauszeichnung am Regal korrigiert wird, damit auch jeder weiß, welches Modell im Preis herabgesetzt ist.«

Unfaire Ausnutzerei

Was ist mit den Kunden, die versuchen, Ihre Servicestandards gegen Sie anzuwenden und etwas umsonst zu ergattern oder ein besseres Geschäft zu machen, als ihnen zusteht? Zunächst sollte man daran denken, daß wirklich unehrliche Kunden ziemlich selten vorkommen. Aber es gibt sie hin und wieder doch. Und auch diese sind Ihre Kunden.

Wir empfehlen das »Drei-Streiche-und-Sie-sind-draußen«-Verfahren, das der Präsident von Empire Video of Keene, Stuart Skorman, seinen Mitarbeitern ans Herz legt. Beim ersten Mal, bei dem ein Kunde und ein Mitarbeiter sich darüber uneinig sind, ob ein Video zurückgebracht wurde, gilt, daß »es unser Fehler gewesen sein muß«, so Skorman. Dasselbe gilt beim zweiten Mal. Aber nach drei Streichen ist es mit der Glaubwürdigkeit des Kunden endgültig vorbei.

Suchen Sie nicht nach Fehlern, sondern nach Lösungsmöglichkeiten.

Henry Ford

Das Know-how eines umwerfenden Service

Hervorragender Kundenservice setzt sich aus wichtigen einzelnen Aktionen zusammen. Sie sind relativ einfach und leicht zu erlernen. Erst ihr Zusammenspiel macht Ihren Service wahrhaft unvergeßlich.

Im folgenden geht es darum, wie gut Sie zuhören können, wie gut Sie einzelne Kunden verstehen und auf sie eingehen können; wie Sie persönliche Kontakte handhaben, wie Sie am Telefon agieren, wie Sie die Bedürfnisse eines Kunden erkennen, wie Sie Kunden dafür danken, daß sie Geschäfte mit Ihnen tätigen. All das trägt zur Auswertung Ihrer Anstrengungen durch den Kunden bei.

Wer diese Elemente richtig zu kombinieren versteht und Geschick bei der Umsetzung zeigt, kann hervorragenden Service bieten, kurzum, einen Service, der einfach umwerfend gut ist!

Kapitel 11

Ehrlichkeit ist die einzig wahre Taktik

> Es gibt stets zwei Gründe für eine Sache – einen guten Grund, und den einzig wahren Grund.
>
> *J. P. Morgan*, Finanzier

Wenn es um Kundenservice geht, ist Ehrlichkeit nicht nur die beste Taktik, sie ist auch die einzig wahre Taktik. Einen Kunden anzulügen oder zu täuschen, führt unweigerlich zu weitaus schlimmeren Problemen als dem Kunden in die Augen zu schauen und ihn mit einer unangenehmen Wahrheit zu konfrontieren.

Zwei gewichtige Gründe sprechen dafür, ohne Umschweife mit der Sprache herauszurücken, wenn man schlechte Nachrichten für den Kunden hat:

Erstens kommen Lügengeschichten irgendwann doch heraus, wahrscheinlich ausgerechnet dann, wenn Sie am wenigsten darauf vorbereitet sind. Thomas Connellan, der uns ein guter Freund und verständiger Berater ist, erzählte einmal, wie ein Mitarbeiter im Versand eines Unternehmens in Michigan – wir nennen ihn hier Herr Bader – glaubte, eine glaubwürdige und, wie er dachte, narrensichere Methode gefunden zu haben, wie er sich die Kunden vom Hals halten konnte. Er brachte immer drei Tageszeitungen mit zur Arbeit: die *New York Daily News*, den *Chicago Tribune* und die *Los Angeles Times*. Diese Zeitungen ging er jeden Morgen sorgfältig durch und markierte sich alle Nachrichten, die mit Unfällen und ähnlichem zu tun hatten, zum Beispiel Zugunglücke, Verkehrsunfälle und Totalsperrungen auf Autobahnen, heftige Schneefälle, streikende Lastwagenfahrer und so weiter.

Wenn dann im Lauf des Tages ein Kunde anrief und reklamierte, daß eine versprochene Sendung noch nicht eingetroffen sei, bat Herr Bader den Anrufer, einen Moment dranzubleiben. Dann blätterte er flugs seine Zeitungen durch, bis er ein passendes Ereignis gefunden hatte, und wandte sich wieder an seinen Anrufer mit den Worten: »Haben Sie noch nichts von dem Zugunglück vergangene Nacht bei Fort Worth gehört? Nein? Nun, da war eins, und ich bin mir ganz sicher, daß Ihre Sendung sich in diesem Zug befand. Ich würde Ihnen ja gerne helfen, aber gegen höhere Gewalt bin ich machtlos.«

Das ging ein ganzes Jahr lang gut – bis einmal ein Kunde, mißtrauisch ob der Tatsache, daß drei der letzten fünf versprochenen Sendungen »höherer Gewalt« zum Opfer gefallen waren, Nachforschungen anstellte. Kurz und gut, er kam darauf, welches Spielchen Herr Bader trieb, und setzte Herrn Baders Firma auf seine Liste »Unzuverlässige Lieferanten«. Dann schrieb er einen bitterbösen Brief an den Chef von Herrn Baders Unternehmen. Müssen wir Ihnen noch sagen, welch »höherer Gewalt« Herr Bader zum Opfer fiel?

Der zweite Grund, warum Sie den Kunden gegenüber mit offenen Karten spielen sollten, ist der – oh Wunder! – daß Kunden Ehrlichkeit schätzen. Nein, es ist keine Freude, einem Kunden sagen zu müssen, daß ein Problem vorliegt oder daß das Lieferdatum, das der Kunde sich vorstellt, unrealistisch ist. Aber wenn Sie derartiges tun müssen, und wenn Sie klar zum Ausdruck bringen, daß Sie alles tun werden, was in Ihrer Macht steht, um die Dinge wieder ins Lot zu bringen, dann werden Ihre Kunden Sie trotz alledem als offenen und ehrlichen Menschen zu schätzen wissen, als einen Menschen, bei dem man sicher sein kann, daß er einem die Wahrheit sagt, egal was vorliegt.

Judith Martin, auch als »Miss Manners« bekannt und von der Zeitschrift *Frequent Flyer* zur »Hohepriesterin der guten Umgangsformen« gekürt, liefert hierfür ein passendes Beispiel. Sie beschreibt zwei Flüge, auf denen sie sich befand, die beide wegen Schlechtwetter erst mit Verspätung starten konnten. Den Lesern von *Frequent Flyer* beschreibt sie ihre Erlebnisse so:

Beim ersten tat die Besatzung wenig, um die Passagiere über den Stand der Dinge zu unterrichten. Die Flugbegleiter folgten lediglich den Bitten der Passagiere um Kissen, Decken, Getränken, usw. Die zweite Besatzung entschuldigte sich für die Verspätung, informierte die Passagiere über mögliche Anschlußflüge, gab ihnen in regelmäßigen Abständen den neuesten Stand der Dinge bekannt und ließ nichts unversucht, um die Lage für alle Beteiligten so angenehm wie möglich zu gestalten.

Auf welchem der beiden Flüge hatten die Passagiere wohl das Gefühl, daß die Besatzung wirklich alles tat, was in ihrer Macht stand, um sie an ihren Bestimmungsort zu bringen? Und mit welcher Airline wird »Miss Manners« wohl das nächste Mal fliegen?

Tun Sie es auch für sich

Eigentlich gibt es noch einen dritten Grund, warum man seinen Kunden gegenüber stets ehrlich sein sollte: um mit seinem eigenen Gewissen im reinen zu sein. Eine Bekannte von uns arbeitete einmal für ein Teleshoppingunternehmen. Sie war Chefin der Abteilung »Entgegennahme von Reklamationen aufgebrachter Kunden«. Wenn Kunden anriefen, um Mängel an der Ware zu beanstanden, die sie gekauft hatten, dann mußte sie diese Anrufer mit hohlem Gerede wie »Tut-uns-schrecklich-leid« und »Bitte-entschuldigen-Sie« abwimmeln.

Das Gemeine an der Sache war, daß der Großteil der Artikel, die das Unternehmen verkaufte, Ware zweiter Wahl war also Mängelware, was jeder im Unternehmen wußte. Unsere Freundin spielte im Grunde genommen den Puffer; sie war mit der heiklen Aufgabe betraut, die wenigen Kunden zu beschwichtigen, die mutig genug waren, sich über Mängel zu beschweren. Das Unternehmen – das hatte man ihr gleich von vorneherein mitgeteilt – baute nämlich auf die Tatsache, daß nur etwa 4 Prozent der verärgerten Kunden tatsächlich reklamieren, wenn sie schlecht bedient werden oder mangelhafte Ware erhalten.

Durfte unsere Freundin denjenigen, die reklamierten, ihr Geld zurückerstatten? Aber sicher! Das Unternehmen war durchaus bereit, die wenigen Leute zu entschädigen, die dem Reklamations- und Rückgabesystem der Firma die Stirn boten. Konnte sie die reklamierenden Kunden beruhigen und beschwichtigen? Ja, auch das. Denn zumindest war da jemand am anderen Ende der Leitung, der ihnen zuhörte.

Allerdings suchte sich unsere Freundin nach sechs Monaten eine neue Stelle. Warum wohl? »Weil«, so sagte sie, »ich genug davon hatte, Teil eines schäbigen Systems zu sein, das seine Kunden bewußt übers Ohr haut.«

TIP: Wie Sie zu Ihrer Arbeit stehen, ist ebenso wichtig für Ihre Selbstachtung wie die Art und Weise, wie Sie zu sich als Elternteil, als Lebenspartner oder als Freund stehen. Kein Job ist wichtig genug, um eine Lüge auf sich zu nehmen, kein Gehalt dick genug, um für das schlechte Gewissen zu entschädigen, das man bekommt, wenn man andere nicht so behandelt, wie man es eigentlich für richtig hält. Der beste Grund, ehrlich gegenüber den Kunden zu sein, ist wahrscheinlich der, daß man dabei sich selbst gegenüber auch ehrlich ist.

Wer es in kleinen Dingen mit der Wahrheit nicht genau nimmt, dem kann man auch in großen Dingen nicht trauen.

Albert Einstein

Kapitel 12

Tun Sie das Richtige – egal, was anliegt

Setzen Sie in jeglicher Situation Ihren gesunden Menschenverstand ein. Weitere Direktiven gibt es nicht.

Nordstrom Inc.,
Handbuch für Mitarbeiter

Wer umwerfenden Service bieten will, muß zwischen »seine Aufgabe richtig erfüllen« und »das Richtige tun« unterscheiden, wenngleich diese Dinge viel miteinander gemein haben.

Seine Aufgabe richtig erfüllen hat mit Wissen zu tun – mit der Aneignung und Anwendung technischer Fertigkeiten und Geschicklichkeit im Umgang mit anderen Menschen, mit Erkennen der Bedürfnisse und Erwartungen des Kunden, mit Wissen über die Produkt- und Dienstleistungspalette der Firma, bei der man arbeitet, und zuletzt damit, daß man richtig Auskunft darüber geben kann, wie und warum bestimmte Dinge, mit denen man umgeht, funktionieren.

Das Richtige tun ist handlungsorientiert. Es bedeutet, daß man Entscheidungen darüber fällen muß, wie die Produkte und Dienstleistungen auf den jeweiligen Kunden angewendet werden können – Anwendungsweisen, nach denen der Kunde vielleicht nicht einmal gefragt oder an die man selbst noch nicht gedacht hat.

Das Mitarbeiterhandbuch der Modehauskette »Nordstrom« ist nahezu legendär geworden. Seine bestechend einfache, einzige Regel lautet: »Setzen Sie in jeglicher Situation Ihren gesunden Menschenverstand ein«. Das Fehlen weiterer Regeln bedeutet nicht, daß es keinerlei Direktiven gibt. Nordstrom-Mitarbeiter – jene sagenumwogenen Könner in Sachen umwerfender Service – werden darin bestärkt, Vorgesetzte um Unterstützung zu bitten, wenn sie nicht sicher wissen, wie sie vorgehen sollen. Im Original liest sich dies wie folgt:

»Bitte scheuen Sie sich nicht, Ihrem Abteilungsleiter, Filialleiter oder dem Bezirksleiter jederzeit jede beliebige Frage zu stellen.«

In Orientierungs- und Trainingskursen lernen Nordstrom-Mitarbeiter, was »das Richtige tun« für die Kunden bedeutet. Manchmal heißt das, einen Artikel anstandslos zurückzunehmen oder mit dem Kunden in eine andere Abteilung zu gehen – womöglich sogar in ein Geschäft der Konkurrenz – damit er genau das Kleidungsstück bekommt, das er sich vorstellt. Ergebnis? Geschichten über den legendären Service von Nordstrom sind in ganz Amerika bekannt. Selbst Leute, die noch nie ein Nordstrom-Geschäft von innen gesehen haben (das Unternehmen operiert vorwiegend an der West Coast), können Anekdoten über Nordstroms Service zum Besten geben. Und wenn dann ein Zuhörer kopfschüttelnd sagt: »Schön und gut, aber wie lange wird Nordstrom sich mit dieser Geschäftspolitik halten können?«, dann wirft garantiert jemand das schlagende Argument ein:

Nordstrom verzeichnet, bezogen auf Verkaufsfläche, regelmäßig die höchsten Umsätze im Einzelhandel. Das Unternehmen ist nicht nur in dieser Beziehung unübertroffen. Es gibt auch kein anderes Unternehmen, das seine Aufgabe in bezug auf den Kunden derart gut erfüllt *und* dabei noch solche Einnahmen vorweisen kann!

Kann »das Richtige tun« jemals falsch sein?

Viele Serviceleute an der Kundenfront und auch viele Manager fürchten instinktiv solch banale Verhaltensregeln wie

»Tun Sie das Richtige!«. Ihre Sorge ist verständlich; sind wir Serviceleute doch seit Generationen vor den schrecklichen Folgen des »Den-Laden-herschenken« gewarnt worden. Man kann diese Angst allerdings ganz einfach überwinden, indem man gesunden Menschenverstand und Kompetenz (welche mit Erfahrung einhergeht) walten läßt.

Würden *Sie* etwa Ihren Laden herschenken? Natürlich nicht, genausowenig, wie das den Mitarbeitern bei Nordstrom in den Sinn käme. Wenn Manager und Serviceprofis Schwierigkeiten haben, sich mit der Idee »das Richtige tun« anzufreunden, dann können wir ihnen nur sagen, daß es bei umwerfendem Service in erster Linie darauf ankommt, den Kunden zu beglücken. Nur so kommt der Kunde wieder – und das zahlt sich für die Firma aus.

Vom unternehmerischen Gesichtspunkt her ist es wenig sinnvoll, gute Leute einzustellen, sie mit viel Aufwand einzuarbeiten, sie mit kundenfreundlichen Systemen und einem kooperativen Management zu versehen und ihnen dann die Möglichkeit abzuschlagen (oder ruhig dabei zusehen, wie sie eine gute Möglichkeit verschenken), Urteile im Sinne des Kunden zu fällen. Keine Sorge, das System gerät nicht außer Kontrolle; denn Sie selbst kontrollieren es mit Ihrem gesundem Menschenverstand, über den Sie seit Geburt verfügen. Einzig aus diesem Grunde hat Ihre Firma Ihnen bereits Ihr allerkostbarstes Gut anvertraut – den Kunden nämlich, *die* Zukunft des Geschäfts.

Gesundes Urteilsvermögen genügt eigentlich in jeder beliebigen Branche. Bei der in North Carolina ansässigen Duke Power Company, welche Atomkraftwerke betreibt, müssen die Mitarbeiter nicht nur sehr gute Qualifikationen vorweisen können, um eingestellt zu werden, sie werden darüberhinaus auch gründlich eingearbeitet. Dann werden sie »auf freien Fuß gesetzt«, um für das Unternehmen und für den Kunden tätig zu werden. Zu den Orientierungskursen der neuen Mitarbeiter gehört dazu, daß jeder einen Brief vom

obersten Boß der Gesellschaft, Bill Lee, erhält. Darin steht zu lesen, was er tun kann, wenn er in eine Situation gerät, in der die Erfüllung der Wünsche und Bedürfnisse des Kunden in Konflikt mit den Direktiven bzw. der Politik des Unternehmen steht: »Fragen Sie sich, warum [die Regel existiert]. Wenn Ihnen die Antwort nicht zwingend logisch erscheint, dann tun Sie das, was Sie für richtig halten. Aller Wahrscheinlichkeit nach ist es das Richtige.«

Bill Lees Mitarbeiter kennen ihre Arbeit, und das weiß er. Sein Brief ist die schriftliche Bestätigung dafür, daß »seine Aufgabe richtig erfüllen« gleichbedeutend ist mit »das Richtige tun«. Mit diesem Brief gibt Bill Lee seinen Mitarbeitern offiziell die Erlaubnis, im Sinne des Kunden vorzugehen. Dieser Ansatz ist es, was die Duke Power Company zu einem der bestgeführten, sichersten und renommiertesten Unternehmen ihrer Branche macht.

Auch wenn Ihr Unternehmen vor anderen Herausforderungen als Nordstrom steht und Ihre Vorgesetzten einen anderen Stil als Bill Lee pflegen, ist »das Richtige tun« trotzdem Teil Ihrer Rolle als Serviceprofi. Wenn Sie sich in Ihrer Ar-

TIP: Sie sollten unbedingt hin und wieder mit Ihren Kollegen zu einem Erfahrungsaustausch zusammenzukommen. Wann haben Sie bzw. die Kollegen das Richtige für den Kunden unternommen? Was können Sie aus Ihren Erlebnissen lernen?

beit auskennen, aber nicht genau wissen, was erlaubt ist und was nicht, dann nehmen Sie sich eine Seite aus dem Nordstrom-Handbuch und Bill Lees Orientierungsschreiben vor: Fragen Sie nach.

> Wenn ein Mitarbeiter eine falsche Entscheidung trifft, dann handelt es sich um etwas, das später korrigiert werden kann. Wenigstens hat er in gutem Glauben gehandelt. Das gehört zu unserer Verpflichtung [gegenüber dem Kunden].
>
> *Isadore Sharp,*
> Vorsitzende der Four-Seasons-Hotelkette

Kapitel 13

Zuhören ist eine Kunst, die man erlernen kann

Zuhören hat mehr mit Vertrauen, gegenseitiger Achtung, Hinwendung und Informationsaustausch zu tun als mit dem Gehör.

Beverly Briggs,
Herausgeber von *Customer Connecton Newsletter*

Der Mensch nimmt nur 25 Prozent von dem auf, was er hört. Was geschieht mit den restlichen 75 Prozent? Sie werden einfach überhört, ausgeblendet, so als hätte man gar nichts vernommen. Zuhören ist jedoch derart wichtig, daß es verwunderlich ist, wie wenig wir davon Gebrauch machen. Da zu einem guten Service Zuhören, Verstehen und das Eingehen auf die Kunden gehört, ist gutes Zuhören eine wichtige Fertigkeit, die sich jeder aneignen sollte, der umwerfenden Service bieten will. Die Gründe im einzelnen sind:

- Man kann leichter herausfinden, was die Kunden wollen und brauchen.
- Mißverständnisse und Irrtümer lassen sich eher vermeiden.
- Man erhält Hinweise darauf, wie der Service, den man bietet, verbessert werden kann.
- Der Aufbau langfristiger Kundenbeziehungen wird unterstützt.

Es ist wichtig, aktiv, ja beinahe aggressiv zuzuhören. Damit Sie Ihre Kunden gut bedienen können, müssen Sie so genau wie möglich wissen, was diese wollen, wie und wann sie das Gewünschte wollen, wieviel sie dafür zu zahlen bereit sind, wie lang sie zu warten bereit sind und welche Erwartungen sie außerdem noch an den Service herantragen. Wer gut zuhört, braucht nicht rätselzuraten – und dabei zu riskieren, mit der Lösung falsch zu liegen. Ihr Kunde ist willens, bereit und in der Lage, Ihnen alles (oder zumindest beinahe alles) zu sagen, was Sie wissen müssen.

Genaues Zuhören ist eine Kunst, die man erlernen kann

Manche Menschen scheinen von Natur aus gut zuhören zu können. Diese Fertigkeit ist ihnen aber keineswegs in die Wiege gelegt worden; sie haben einfach etwas früher als andere begonnen, sich darin zu üben. Es ist jedoch nie zu spät, seine Zuhörfähigkeit zu verbessern, weil es sich beim Zuhören um etwas handelt, das man umso besser beherrscht, je öfter man es praktiziert. Außerdem hat der Zuhörende in jeder Art von Gespräch einen gewaltigen Vorteil: Während der Mensch mit einer durchschnittlichen Geschwindigkeit von 125 bis 150 Wörtern pro Minute spricht, ist er in der Lage, bis zu 450 Wörtern pro Minute zu hören! Das heißt, daß man beim Zuhören Zeit genug hat, das Wesentliche, was ein Sprecher übermitteln will, zu identifizieren und so zu ordnen, daß man wirkungsvoll darauf eingehen kann.

Wie können Sie sichergehen, daß Sie das Anliegen eines Kunden auch richtig erfassen? Folgendes kann Ihnen eine Hilfe sein:

1. Wenn die Information komplex ist, bestätigen Sie hin und wieder, daß Sie verstanden haben, indem Sie die Informa-

TIP: Verbessern Sie Ihre Zuhörfertigkeit, indem Sie sich wichtige Informationen notieren und Ideen skizzieren, wie Sie antworten könnten – aber machen Sie es sich nicht selbst schwer, indem Sie eine Widerspruch oder eine Beweisführung formulieren. Wenn Sie dann mit Sprechen dran sind, haben Sie genug Material gesammelt, um die wesentlichen Punkte des Kunden widergeben zu können. Selbst wenn Sie nur die einfachen und offensichtlichen Dinge widergeben können, zeigen Sie dem Kunden damit dennoch, daß Sie zugehört und verstanden haben, und daß Sie nun bereit sind, auf sein Anliegen, seine Frage oder sein Problem einzugehen.

tionen wiederholen: »Gut. Lassen Sie mich rekapitulieren. Sie haben mir einige wichtige Punkte genannt und ich möchte sichergehen, daß ich Sie richtig verstanden haben. Sie haben gesagt, daß ... »

2. Wenn Ihnen etwas unklar ist, fragen Sie nach: »Möchten Sie das multifunktionale Jumbogerät mit automatischer Rückwärtssperre oder die Superausführung des Minimodells mit Leuchtziffern?«
3. Wiederholen Sie Informationen, die wichtig für den Kunden sind. Buchstabieren Sie zum Beispiel Firmennamen, geben Sie genaue Anschriften, achten Sie auf richtige Telefonnummern.

Eine ganze Reihe von Dingen kann gutes Zuhören erschweren.

Hörbarrieren

- *Lärm.* Zu viel Lärm an Ihrem Arbeitsplatz verursacht Störungen. Können Sie den Kunden gut verstehen, wenn dieser normal laut spricht? Oder wird er von lauter Musik oder der allgemeinem Geräuschkulisse oder den Stimmen Ihrer Kollegen und anderer Kunden übertönt?
- *Unterbrechungen.* Zu erfolgreicher Kommunikation ge-

hören mindestens zwei. Haben Sie schon einmal versucht, jemandem etwas zu erklären, der andauernd sagt: »Einen Moment bitte, ich muß ganz kurz ans Telefon« oder der über Ihre Schulter hinweg Informationen an einen Kollegen weitergibt oder lauthals Anweisungen erteilt? Solche kontrollierbaren Unterbrechungen signalisieren dem Kunden: »Sie sind nicht wichtig« oder »Ich will Ihnen eigentlich gar nicht zuhören.«

- *Tagträume*. Unterbrechungen kommen von innen wie von außen. Wenn Sie merken, daß Sie sich in Gedanken damit befassen, welchen Film Sie am Abend im Fernsehen ansehen wollen oder wie der Streit mit dem Ehepartner verlief, dann wird sich eine derartige innere Unterbrechung auf Ihre Zuhörfähigkeiten höchst hinderlich auswirken. Konzentrieren Sie sich auf Ihre Kunden.
- *Technologie*. Vieles an der modernen Technologie ist hilfreich, da sie manche Arten von Kontakten überhaupt erst möglich macht, aber sie kann effektives Zuhören beeinträchtigen. Auf der einen Seite erleichtern uns Telefone, sprachumsetzende Terminals und Fernmikrophone an Drive-up-Schaltern die Kommunikation, auf der anderen Seite ist es sehr viel schwieriger, jemandem zuzuhören, den man nicht sehen kann oder dessen Stimme durch eine Maschine verzerrt wird.
- *Schubladendenken*. Wer seine Mitmenschen nur in Klischees erfaßt, also aus ihrem Aussehen, ihrem Verhalten oder ihrer Ausdrucksweise vorschnelle Schlußfolgerungen zieht, ist nicht in der Lage, zu verstehen, was andere tatsächlich sagen. Dann kann er alles Weitere, was er von jemandem sieht und hört, nur noch im Lichte seiner Vorurteile sehen. Und damit liegt man häufig daneben.
- *Persönliche Schwachstellen*. Wir haben alle unsere wunden Punkte oder reagieren empfindlich auf manche Worte oder Formulierungen, die der Kunde gebraucht. Wenn dies eintritt, dann setzt das Zuhören oft ganz aus. Denken

Sie daran, daß es Ihre Aufgabe ist, zu erfassen, was der Kunde sagen will. Was bei Ihnen vielleicht gerade falsch ankommt, kann aus Sicht des Kunden völlig harmlos sein. (Und selbst wenn der Kunde Ihnen gerade gehörig die Meinung sagt, weil ihm etwas an Ihren vergangenen Leistungen nicht gefiel, dann lassen Sie das über sich ergehen und bewahren Sie Fassung und Anstand.)

- *Innere Einstellung.* Ihre innere Einstellung färbt auf das ab, was Sie hören und wie Sie darauf reagieren. Wer defensiv veranlagt ist, legt jedes Wort auf die Goldwaage, sucht stets nach dem Hintersinn. Offensiv veranlagte Typen neigen zum Streit, formulieren bereits Argumente im Lassen-Sie-mich-mal-eines-klarstellen-Stil, bevor der andere überhaupt ausgeredet hat. Ihre Einstellung sollte Ihnen beim Zuhören helfen, anstatt Sie den Worten des Kunden gegenüber taub zu machen.

Es ist allerdings wichtig, auf die Dinge zu achten, die Sie nicht zu hören bekommen, also auf das, was Ihre Kunden ungesagt lassen. Wenn ein bestimmter Kunde Sie stets für die prompte Ausführung seiner Aufträge gelobt hat, dies aber auf einmal nicht mehr tut, dann haben Sie wahrscheinlich lasch gearbeitet. Wenn der Kunde seufzt und sagt: »Jaja, war schon recht so«, wenn Sie ihn fragen, wie er Ihre Leistung fand, dann dürfte wohl klar sein, was der Kunde wirklich meint.

> Das, was jemand über andere äußert, sagt mehr über ihn selbst aus als das, was andere über ihn sagen.
>
> *Dale Carnegie*,
> Bestsellerautor und Pädagoge

Kapitel 14

Worte, mit denen man andere gewinnt

Höflichkeit bewirkt viel und kostet nichts.

Samuel Smiles,
Populärer Schriftsteller des 19. Jahrhunderts

In Amerika gibt es ein Sprichwort, das besagt: Stöcke und Steine brechen mir vielleicht die Knochen, aber Worte werden mir nie etwas anhaben können. Als Kinder sagten wir uns diesen Satz viele Male vor. Sie waren unsere Selbstverteidigung in genau den Situationen, in denen wir am eigenen Leib zu spüren bekamen, daß Worte sehr wohl verletzen können. Bestimmt haben auch Sie schon die Erfahrung gemacht, daß manches Wort mehr schmerzen kann als ein paar blaue Flecken oder ein gebrochener Arm.

Worte wirken bei Erwachsenen genauso stark. Man kann seine Kunden mit Worten verletzen oder auch besänftigen; es hängt ganz davon ab, wie man sie einsetzt. Der Serviceprofi, der seine Worte wohlüberlegt wählt, hat in jeder Servicetransaktion einen spürbaren Vorteil.

Verbotene Formulierungen

Manche Wörter bewirken allein oder in Kombination mit anderen Wörtern augeblicklich negative Vorstellungen. Nancy Friedman, eine Kundendienst- und Telefoniertechnik-Beraterin, auch unter ihrem Pseudonym »The Telephone Doctor«™ bekannt, hat »Fünf Verbotene Formulierungen«

zusammengestellt, die besser vermieden werden sollten. Es sind Formulierungen, die den Kunden vor Zorn an die Dekke gehen lassen oder ihn zutiefst frustrieren:

Verbotene Formulierung	*Empfohlene Ersatzformulierung*
1. Weiß ich nicht.	»Mhmmm, das ist eine gute Frage. Lassen Sie mich das kurz nachprüfen. Ich werde es Ihnen gleich sagen können.«
2. So etwas machen wir nicht.	»Junge, Junge, das ist nicht ganz einfach. Lassen Sie mich überlegen, ob wir das machen können.« Suchen Sie dann nach einer Alternativlösung.
3. Sie müssen ...	Formulieren Sie Ihre Ratschläge nicht als Befehl, sondern sagen Sie zum Beispiel: »Was Sie tun können, ist folgendes ...« oder »Wir können Ihnen dabei auf folgende Weise behilflich sein...« oder »Wenn das noch einmal passiert, dann sollten Sie folgendermaßen vorgehen ...«

4. Warten Sie einen Moment, ich bin gleich wieder da.	»Ich brauche zwei oder drei Minuten (*oder wie lange Sie eben wirklich brauchen*), um die Auskunft zu beschaffen/um den Artikel zu besorgen. Können Sie so lange dranbleiben/warten?«
5. *Nein* am Anfang eines jeden Satzes.	Wenn Sie zuerst denken und dann sprechen, können Sie jedes »Nein« in eine positive Antwort verwandeln. »Wir können Ihnen Ihr Geld nicht zurückerstatten, aber wir können den Artikel kostenlos ersetzen.«

Mit diesen fünf »verbotenen« Formulierungen ist noch längst nicht alles an Redensarten genannt, was dem Kunden sauer aufstößt. Welche Formulierungen (außer den oben genannten) würden Sie wütend machen, wenn Sie Kunde wären?

TIP: Nehmen Sie ein Blatt Papier zur Hand und stellen Sie selbst »verbotene« Formulierungen zusammen. Fragen Sie zwei oder drei Kollegen nach Ausdrücken und Redewendungen, die ihnen auf die Nerven gehen oder deren Zorn erregen. Schreiben Sie diese Formulierungen ebenfalls auf Ihre Liste. Sie werden schnell merken, wie viele simple, täglich gebrauchte Formulierungen eine andere Bedeutung annehmen, wenn man sie im Licht seiner Erfahrungen als Kunde betrachtet.

Die Botschaft hinter den Worten

Selbst dem besten Serviceprofi passiert es hin und wieder, daß er einem Kunden in aller Aufrichtigkeit und Unschuld etwas sagt, das für ihn selbst normal und vernünftig klingt, den Kunden aber zur Weißglut bringt. Wenn Sie Ihr Augenmerk erst einmal darauf richten, welche Wörter und Formulierungen derartige unerwünschte Reaktionen hervorrufen, dann werden Sie mit der Zeit auch lernen, heikle Situationen erfolgreich zu entschärfen oder ganz zu vermeiden.

Manche Worte können äußerst negative Botschaften übermitteln. Wer häufig Formulierungen wie »Verstehen Sie?« verwendet oder den Kunden wie ein vierjähriges Kind behandelt – selbst wenn das Verhalten mancher Kunden tatsächlich an das eines Kindergartenkindes erinnert – signalisiert gewollt oder ungewollt, daß er sein Gegenüber für dumm hält. Wenn schon Vierjährige nicht von oben herab behandelt werden wollen, wie können sich dann erst Erwachsene in solch einer Situation wohl fühlen!

Eine hilfreiche Technik, mit der sich bei der Problemerfassung helfen kann, ohne den Kunden dabei bloßzustellen, wurde von Beverly Briggs im *Customer Connection Newsletter* vorgestellt. Ein Fernsehtechniker, der vorab feststellen will, welche Schwierigkeiten der Kunde mit seinem Gerät hat, geht am Telefon so vor:

Bevor ich [einem Kunden] bei der Lösung seines Problem helfen kann, muß ich ganz sicher wissen, daß er den richtigen Kanal an seinem Fernseher eingeschaltet hat.... Wenn ich frage »Haben Sie Kanal 3 drin?«, so antwortet der Kunde ganz automatisch mit »Ja«. Es wäre mir peinlich, ihm dann zu sagen: »Gehen Sie bitte zu Ihrem Fernseher, und vergewissern Sie sich, daß Sie wirklich Kanal 3 eingeschaltet haben.« Statt dessen sage ich: »Gehen Sie bitte zu Ihrem Fernsehgerät und schalten Sie auf Kanal 5. Warten Sie zehn Sekunden und schalten Sie dann auf Kanal 3 zurück. Bitte kommen Sie dann wieder ans Telefon und sagen mir, ob das funktioniert hat.« Dies bringt die Aktion, die für mich wichtig ist, in Gang, ohne daß ich die Aussage des Kunden infrage stellen muß.Auf diese Weise kann der Servicetechniker verhindern, daß der Kunde den Eindruck erhält, der Servicetechniker glaube über ihn, er wisse nicht, wie man einen Fernseher bedient.

Hilfreiche Formulierungen

Welche Worte und Formulierungen entlocken dem Kunden ein freudiges Lächeln? Wir haben eine entsprechende Liste verfaßt, aber sie stellt nur eine Starthilfe dar. Sie können die Liste anhand eigener Erfahrungen und Erkenntnisse – und denen von Kollegen – beliebig ergänzen. Sie sollten diese Liste als Erinnerungsstütze zu der mit den verbotenen Formulierungen legen. Verwenden Sie also eine der folgenden hilfreichen Formulierungen, so oft wie Sie können:

»Guten Morgen«, »Guten Tag«, in einem Ton, der deutlich macht, daß Sie dies dem Kunden auch wirklich wünschen.

»Dankeschön.«

»Ist schon so gut wie erledigt«, »Ich werde das sofort erledigen« oder »Ich werde das für Sie in die Hand nehmen«.

»Selbstverständlich, mein Herr« oder »gnädige Frau«, oder nennen Sie den Namen des Betreffenden.

»Das kann ich gut nachvollziehen.«

»Ich übernehme die volle Verantwortung.«

»Keine Ursache.«

Der Mensch lebt nicht von Worten allein,
obwohl er manche schlucken muß.

Adlai Stevenson, Jurist und Politiker

Kapitel 15

Tips für persönliche Kontakte

Kundenservice heißt ein positives Bild abgeben.

Anonym

Sprechen, Hören oder Lesen machen nur einen kleinen Teil zwischenmenschlicher Kommunikation aus. Experten behaupten, daß in Situationen, in denen man anderen persönlich gegenübersteht, mindestens 70 Prozent der Kommunikation nonverbal, das heißt ohne Worte abläuft.

Was ist nonverbale Kommunikation? Sie umfaßt alles, was wir *nicht* sagen – also unsere Körpersprache, unsere Handlungen, unsere Reaktionen und das Bild, das wir abgeben, wenn wir mit anderen zusammen sind. Es gibt neun Grundformen nonverbaler Kommunikation. Profis in Sachen umwerfender Service kennen sie genau.

1. *Distanz und Nähe*. Sie unterhalten sich mit einem Kollegen und haben dabei etwa einen halben Meter Abstand voneinander. Versuchen Sie einmal, sich nach einigen Augenblicken auf den Kollegen zuzubewegen, bis Ihre Nasen sich fast berühren. Das mögen Sie beide nicht? Dann geht es Ihnen wie den meisten Menschen. Probieren Sie es einmal mit einem Abstand von zwei Metern, während Sie sich weiterhin unterhalten. Das wird Ihnen wahrscheinlich ähnlich unangenehm sein. »Toleranzgrenzen«, also der Abstand voneinander, den man als angenehm empfindet, sind von Kultur zu Kultur verschieden. Die meisten

Nordamerikaner und auch die Westeuropäer bevorzugen eine Distanz zwischen 40 und 60 Zentimetern.

2. *Blickkontakt.* Wer Blickkontakt herstellt, bestätigt dadurch, daß er seine Kunden als Individuen sieht, daß er sie als solche behandelt, und daß er ihnen Aufmerksamkeit schenkt. Sie müssen allerdings genau das richtige Maß treffen: Wer in unserer Kultur keinen Blickkontakt herstellt, wird als unsicher oder sogar als unehrlich eingestuft. Ein starrender Blick hingegen kann den Kunden unangenehm werden.
3. *Stille.* Kommunikation findet auch dann statt, wenn Sie gar nichts sagen. Still zu bleiben, während der Kunde redet, gehört zu den grundlegenden Tugenden, Nicken zeigt an, daß Sie zuhören und verstehen, was der Kunde sagt. Schweigen Sie jedoch über längere Zeit, beginnt sich der Kunde zu fragen, ob er sich vielleicht nicht verständlich genug ausdrückt oder ob Sie anderer Meinung sind als er. Ein gelegentliches »mmmmh« oder »Ich verstehe« signalisiert dem Kunden, daß Sie stetig zuhören.
4. *Gesten.* Geschlossene Gesten wie fest an den Körper ge-

preßte, verschränkte Arme, tief in den Hosentaschen vergrabene Hände oder geballte Fäuste schaffen nonverbale Barrieren. Offene Gesten laden andere Menschen in unseren Raum ein und bedeuten, daß wir uns in ihrer Nähe wohl fühlen. Viele unserer Gesten sind unbewußt (manche Leute verschränken zum Beispiel die Arme, wenn ihnen kalt ist), also denken Sie an Ihr nonverbales Tun, wenn Sie mit Kunden zu tun haben.

5. *Körperhaltung.* »Steh aufrecht«, pflegte die Mutter immer zu sagen, und sie hatte recht damit. Eine gute Körperhaltung vermittelt Vertrauen und Kompetenz. Mit einer leicht in Richtung des Kunden geneigten Haltung signalisieren Sie, daß Sie sich für das, was er sagt, interessieren, und daß Sie ihn wichtig nehmen.
6. *Gesichtsausdruck.* Jeder kennt die mimischen Zeichen: Eine gehobene Augenbraue signalisiert Überraschung; ein Zwinkern Zustimmung oder eine stillschweigende Übereinkunft, verkniffene Lippen Opposition; ein offenes Lächeln Freundlichkeit. Ihr Gesicht vermittelt eine Botschaft, selbst wenn Ihre Stimme dies nicht tut.
7. *Körperkontakt.* Was heutzutage angemessen ist und was nicht, hängt in starkem Maße von der Situation und den Beteiligten ab. Ein Händedruck ist gängig, aber die Hand auf den Arm eines anderen zu legen oder den Arm über dessen Schulter kann bereits ein sehr persönlicher Akt sein. Die Faustregel lautet für die meisten Situationen: Weniger ist mehr.
8. *Geruch.* Der Geruchsinn ist vielleicht der am meisten verkannte unserer Sinne, aber er kann in Servicesituationen, bei denen man dem Kunden nahe kommt, eine wichtige Rolle spielen. Seien Sie genauso vorsichtig mit starken Parfüms und Duftwässern – manche Kunden könnten sensibel oder allergisch sein – wie Sie es gegenüber den natürlichen Gerüchen sind, zu deren Kaschierung man üblicherweise erstere benutzt. Wenn weniger als ein Drit-

tel der Anwesenden raucht, sollten Sie sich der Tatsache bewußt sein, daß Tabakrauch wahrscheinlich als Belästigung empfunden wird.

9. *Erscheinungsbild.* Es ist nicht anders als bei einer Theateraufführung: Sie müssen Ihrer Rolle entsprechend gekleidet sein. Ob Ihr »Kostüm« ein dreiteiliger Anzug oder ein blauer Anton ist, hängt erstens von Ihrer Arbeit ab, zweitens vom Bild, das Sie Ihren Kunden vermitteln möchten, und drittes davon, was Ihre Kunden von Ihnen bzw. Ihrem Erscheinungsbild erwarten. Wie auch immer der Fall liegt, eines trifft stets auf Ihre äußere Erscheinung zu: Sauberkeit und Ordentlichkeit vermitteln Kompetenz. (Schlampige Leute können natürlich ebenfalls kompetent sein, sogar kompetenter als adrett gekleidete Leute, aber sie müssen sehr viel mehr tun, um ihre Kompetenz dem Kunden zu beweisen!)

TIP: Manchmal sind die nonverbalen Botschaften, die wir aussenden, stärker, augenfälliger und enthüllender als das, was wir sagen. Wer mit seinen nonverbalen Signalen eine andere Nachricht übermittelt als mit seinen Worten, irritiert und verunsichert den Kunden; dieser wird Ihren Motiven und Ihrem Interesse, ihn zu bedienen, skeptisch gegenüberstehen und Ihre Handlungen mißtrauisch beäugen. Ein beträchtlicher Teil Ihres Erfolgs als Serviceprofi wird davon abhängen, ob Ihnen Ihre nonverbalen kommunikativen Handlungen im persönlichen Kontakt mit dem Kunden gelingen.

Nonverbale Signale

Die andere Seite der nonverbalen Kommunikation ist, daß man die nonverbalen Signale seiner Kunden deuten kann. Praktisch jeder kann sich andere Leute ansehen und Ihre offensichtliche Körpersprache lesen. Wir wissen, wie jemand aussieht, der gerade glücklich oder traurig, ruhig oder aufgeregt ist.

Was läßt manche so ruhig und entspannt im Umgang mit Menschen oder im Kontakt mit dem Kunden erscheinen, warum wirken andere nervös oder unbeholfen oder bekommen nichts mit? Forscher meinen, daß der Unterschied möglicherweise darauf beruht, wie wir unsere Erkenntnisse über andere verwerten und in richtige Handlungen umsetzen. Menschen, die Geschick im Umgang mit ihren Mitmenschen beweisen, verstehen die Körpersprache ihrer Mitmenschen besser und handeln dementsprechend. Andere reden wild drauflos und übersehen die verwirrten Blicke ihrer Mitmenschen, die besagen: »Stopp bitte, erklär mir das noch einmal von vorn.«

Kunden werden nicht immer Protest einlegen, wenn sie irritiert, verwirrt oder frustriert sind. Aber wenn Sie auf die versteckten Botschaften achten, dann begreifen Sie die nonverbalen Signale genauso wie hörbaren. Nutzen Sie sie effektiv, dann werden sie Ihnen dabei helfen, die Wünsche und Erwartungen Ihrer Kunden zu erfüllen.

Die Wahrnehmung ist der Schlüssel zum
nonverbalen Erfolg.

Devise im Verkaufstraining

Kapitel 16

Tips für's Telefonieren

> Wenn ich den Telefonhörer abnehme, übernehme ich gleichzeitig die Verantwortung, alles zu tun, um den Anrufer zufriedenzustellen.
>
> *Michael Ramundo,*
> Präsident von MCR Marketing Inc.

Am Telefon müssen Sie auf Ihre Stimme noch mehr achten als sonst. Der Kunde kann zwar Ihren Gesichtsausdruck oder Ihr Aussehen nicht hören, er wird sich dennoch ein Bild von Ihnen machen, und zwar auf der Grundlage des Tons und der Beschaffenheit Ihrer Stimme. Ihre Stimmung – glücklich lächelnd oder verbissen und grimmig – schwingt beim Telefonieren mit. Darum sollten Sie jedesmal, bevor Sie den Telefonhörer abnehmen, sich einen Moment Zeit lassen und sich vergewissern, daß Sie geistig darauf eingestellt sind, mit dem Kunden am anderen Ende der Leitung zu verhandeln. Eine angenehme Telefonstimme erfordert Übung. Mit Hilfe der folgenden Telefonstil-Checkliste (siehe Kasten) können Sie Ihren Telefonstil auswerten. Denn das Sprechen in wohlmodulierten, angenehmen Tönen ist erlernbar.

TIP: Nehmen Sie sich auf Tonband auf, während Sie telefonieren, und bitten Sie einen ehrlichen Freund oder Ihren Chef, Ihre stimmliche Qualität auszuwerten. Besser noch wäre, wenn Sie sich am anderen Ende der Leitung aufnehmen lassen würden, so daß Sie sich anhören können, wie Sie Ihren Kunden gegenüber klingen.

Achtung: Wenn Sie sich selbst noch nie zuvor auf Tonband gehört haben, werden Sie erschrocken sein, wie Sie klingen. Lassen Sie sich davon nicht beunruhigen: Jedem kommt seine Stimme auf Tonband fremd vor.

Telefonstil-Checkliste

Stimmliche Qualität

Ja	Nein	
❑	❑	Stimme ist gut zu hören, ohne dabei zu laut zu sein.
❑	❑	Wörter werden deutlich artikuliert.
❑	❑	Sprechgeschwindigkeit ist gut – weder zu langsam noch zu schnell.
❑	❑	Stimme klingt angenehm – weder zu rauh noch zu nasal.
❑	❑	Stimmliche Dynamik zeigt Interesse und Freude an der Arbeit.

Verhalten am Telefon

Ja	Nein	
❑	❑	Anruf wird schnell entgegengenommen – beim zweiten oder dritten Klingeln.
❑	❑	Anrufer wird höflich begrüßt.
❑	❑	Der Angerufene stellt sich namentlich vor.
❑	❑	Weiterverbinden erfolgt rasch und geschickt.
❑	❑	Nachrichten werden genau und vollständig aufgenommen.

Umgangsformen am Telefon: ein kurzer Überblick

Das professionelle Telefongespräch hat seine eigenen Regeln. Wenn man sie kennt und befolgt, wird der Kunde spüren, daß er in guten Händen ist.

Ein Telefongespräch entgegennehmen

Das Klingeln eines Telefons ist eines der penetrantesten Geräusche auf der Welt. (Versuchen Sie einmal, das Telefon klingeln zu lassen, ohne dranzugehen. Die meisten Leute schaffen das nicht.) Wenn ein Kunde anruft und keiner abhebt, die Leitung belegt ist, oder es fünfzehnmal klingelt, bevor jemand den Hörer abnimmt, dann ist das genauso, als ob man dem Kunden sagen würde: »Leider müssen Sie Ihr Geld behalten und wieder gehen. Wir haben hier viel zu tun und haben keine Zeit für Sie. Bitte gehen Sie woanders einkaufen. Und dankeschön dafür, daß Sie versucht haben, mit uns ins Geschäft zu kommen.« Setzen Sie sich selbst eine Norm (zum Beispiel beim zweiten oder dritten Klingeln abzuheben), und versuchen Sie, sie stets einzuhalten.

TIP: Wenn Sie ein Telefongespräch entgegennehmen, dann begrüßen Sie den Kunden mit »Guten Morgen« oder »Guten Tag«. Selbst ein freundliches »Hallo« bleibt nicht ohne Wirkung. Dann nennen Sie Ihren Namen und den Namen Ihrer Firma. Sie können nicht davon ausgehen, daß der Anrufer automatisch Bescheid weiß, wer in der Firma gerade den Telefonhörer abnimmt.

Einen Anrufer bitten, dranzubleiben

Manchmal muß man den Anrufer bitten, dranzubleiben: Vielleicht muß man gerade ein Gespräch auf einer anderen Leitung entgegennehmen oder seinen Schreibtisch verlassen, um eine Information einzuholen. Vielleicht braucht man einen Moment Zeit, um sich zu sammeln, weil man mit einem besonders schwierigen Anrufer verhandeln muß.

Wie die Umstände auch immer sein mögen, Sie sollten einen Anrufer keinesfalls am Telefon warten lassen, ohne erst sein Einverständnis einzuholen – »Können Sie einen Moment dranbleiben?« oder »Wollen Sie einen Augenblick warten?« Die Frage ist sinnlos, wenn Sie die Antwort nicht abwarten. Richtig, das Ganze dauert dann etwas länger. Aber für den positiven Eindruck, den man damit erzielt, lohnt sich der Aufwand. Richtig ist auch, daß Sie riskieren, als Antwort ein »Nein, kann ich nicht« zu bekommen. Akzeptieren Sie es, und erledigen Sie das Anliegen des Anrufers zuerst, oder lassen Sie sich seine Nummer geben, und rufen Sie so schnell wie möglich zurück. Ein Anrufer, der nicht warten kann, ist nicht unbedingt unverschämt. Vor kurzem rief eine gute Bekannte von uns ihren Arzt an. Weil die Arzthelferin sie gut kannte, nahm sie an, daß sie Nancy mit einem knappen »Oh Nancy, du bist es, bleib einen Moment dran« auf die Warteschleife schicken konnte, um noch schnell ein anderes Telefongespräch entgegenzunehmen. Diese Fehlannahme hätte beinahe tödliche Folgen gehabt. Nancy schwebte nämlich in akuter Lebensgefahr und hatte sich mit letzter Kraft zum Telefon geschleppt.

Dieses Beispiel ist sicherlich extrem, aber es kann doch hin und wieder Anrufer geben, die aus berechtigten Gründe nicht warten wollen oder können. Denken Sie daran, daß Ihr Service nur dann umwerfend gut ist, wenn er auf die individuellen Bedürfnisse und Erwartungen der Kunden zugeschnitten ist.

Jemandem etwas ausrichten

Gute Telefonnotizen sind genau und vollständig. Vergewissern Sie sich, daß Sie den Namen des Anrufers vollständig notiert haben, ebenso seine Firma und seine Telefonnummer. »Sagen Sie ihr, daß Frau Müller angerufen hat« funktioniert nur, wenn die Person, der diese Nachricht zugedacht ist, nur eine Frau Müller kennt. Um sicherzugehen, daß Sie den Namen des Anrufers und seine Telefonnummer richtig notiert haben, sollten Sie sie wiederholen. Datum und Uhrzeit des Anrufs sind ebenfalls wichtig. Schließlich sollten Sie nicht vergessen, Ihren eigenen Namen auf die Telefonnotiz zu setzen; falls Fragen auftauchen, weiß der Empfänger der Nachricht, an wen er sich wenden muß.

Anrufer weiterverbinden

Nichts haßt der Kunde mehr, als endlos von einem Mitarbeiter zum anderen weitergereicht zu werden. Wann immer es möglich ist: Vermeiden Sie das! Übernehmen Sie den Anrufer selbst, oder notieren Sie sein Anliegen und veranlassen Sie, daß er von der richtigen Person zurückgerufen wird. Wenn Sie einen Anruf wirklich weiterleiten müssen, sollten Sie dem Anrufer Namen und Durchwahl desjenigen nennen, der ihm weiterhelfen kann. Auf diese Weise kann der Anrufer, falls es Probleme mit der Leitung gibt, selber dafür sorgen, daß er mit der richtigen Stelle verbunden wird. Und wenn Sie können, bleiben Sie noch einen Moment am Apparat, bis Sie sicher wissen, daß es mit dem Weiterverbinden geklappt hat.

Immer wenn Sie den Telefonhörer abnehmen, steht das Image Ihres Geschäfts auf dem Spiel.

Überschrift in der Zeitschrift *Video Business*

Kapitel 17

Schriftliches erledigen

Der Schriftsteller, der sein Bestes zu geben weiß, schenkt seinem Leser ein Maximum an Wissen und raubt ihm ein Minimum an Zeit.

Charles Caleb Colton,
Geistlicher des 19. Jahrhunderts

Verbale Kommunikation ist schnell und persönlich. Mittels Sprache kann man Informationen übermitteln und augenblicklich bestätigen, daß man den Inhalt der Aussage verstanden hat. Dabei kann man die Körpersprache des Kunden beobachten und vorsichtig erkunden, ob dieser noch weitere Fragen oder Anliegen hat. Allerdings ist verbale Kommunikation nicht immer möglich.

Manchmal muß man zu schriftlicher Kommunikation greifen, oder sie erweist sich einfach als die überlegene Methode. Das kann der Fall sein, wenn Sie weitergehende Informationen übermitteln müssen. Vielleicht brauchen Sie auch schriftliche Belege, auf die Sie und der Kunde zurückgreifen können, wenn Sie etwas nachvollziehen wollen, zum Beispiel bei einer Serviceleistung, die sich über mehrere Wochen oder Monate erstreckt. Selbst wenn momentan etwas nicht unbedingt schriftlich festgehalten werden muß, so ist ein Brief nach einer Besprechung mit einem Kunden doch eine ausgezeichntete Möglichkeit, um Fakten und Details zu bestätigen – von der Möglichkeit, danke zu sagen, mal ganz abgesehen.

Genau wie bei anderen Aspekten eines umwerfenden Service gibt es auch hier stilistische und inhaltliche Elemente, die kundenwirksam kombiniert werden sollten, wann immer Sie Ihren Stift zücken, um etwas schriftlich festzuhalten. Während viele Schriftstücke (angefangen von Rechnungen und Werbebroschüren über produktbegleitende Schreiben bis hin zu rechtlichen Absicherungen), die Ihre Firma an die Kunden sendet, notwendigerweise standardisiert sind, sollte in Ihrem eigenen Schriftverkehr stets ein persönlicher Ton mitschwingen.

Ihr Schriftverkehr

Warum schreiben Sie Ihren Kunden? Ganz simpel ausgedrückt: Weil Sie ihnen etwas mitzuteilen haben und weil dafür ein wichtiger Grund vorliegt:

- *Sie schreiben, um Vereinbarungen zu bestätigen*
  Nehmen wir einmal an, Sie sind Reisebürokaufmann oder -kauffrau. Ein Ehepaar wendet sich an Sie, damit Sie ihnen bei der Planung des Winterurlaubs behilflich sind. Beide erklären, daß sie nach Österreich zum Skifahren gehen möchten. Sie möchten aber nicht in einem großen Sporthotel untergebracht werden, sondern eine Ferienwohnung mieten – und es wäre ihnen am liebsten, Sie besorgten ihnen eine, in der nicht geraucht werden dürfte. Sie legen Wert auf ein Hallenbad und Freizeiteinrichtungen in der Nähe Ihrer Unterkunft, ebenso auf Einkaufsmöglichkeiten. Und natürlich wollen sie einen günstigen Pauschalpreis.
  Es ist ein großer Auftrag. Damit Sie ihn kompetent erledigen können, verwenden Sie einiges an Zeit darauf. Sie erörtern mit den Kunden, auf welche Wünsche sie absolut nicht verzichten wollen, und wissen bald, was ihnen grundsätzlich angenehm wäre: »Das wäre ja super, wenn

wir das auch noch dabei haben könnten.« Um zu demonstrieren, daß Sie sich wirklich für die beiden engagieren, lassen Sie dem Gespräch einen Brief folgen, der das Wesentliche zusammenfaßt. Der Brief ist für beide Seiten eine Bestätigung der besprochenen Details und gibt den Kunden das Gefühl, daß Sie sie wirklich verstanden haben.

- *Sie schreiben, um eine Dokumentation zu haben.*
  Schriftverkehr kann, nachdem eine mündliche Besprechung stattgefunden hat, als Bestätigung dienen, um aufzuzeigen, welche Aktivitäten gelaufen sind bzw. laufen werden. Praktisch ist auch eine Zusammenfassung von Aktivitäten, welche Monate zurückliegen, weil Sie dann etwas in der Hand haben, auf das Sie zurückgreifen können, wenn Ihre Erinnerung Sie im Stich läßt. Ein Schriftstück kann auch als Vertrag dienen, in dem Sie und der Kunde vereinbaren, wie eine bestimmte Situation gehandhabt werden soll.
- *Sie schreiben, um Beziehungen zu festigen.*
  Schriftliche Kommunikation ist eine Möglichkeit, um die meist flüchtige Natur von Servicetransaktionen handfester (und einleuchtender) zu machen. Ein Dankeschönschreiben ist der sichtbare Beweis Ihrer Sorgfalt und Wertschätzung. Ein informatives Rundschreiben oder ein geeigneter Ausschnitt aus einer aktuellen Tageszeitung oder Zeitschrift macht deutlich, daß Sie an Ihre Kunden denken, selbst wenn Sie sie eine Zeitlang nicht persönlich gesehen haben. Ein Brief, mit dem Sie »Prima gemacht« signalisieren, wenn Ihren Kunden (oder deren Firma) etwas Gutes widerfahren ist, besagt, daß Ihre Beziehung auf mehr als auf Geld aufgebaut ist.

Acht Tips für das Abfassen von Briefen

1. Was immer der Inhalt oder der Zweck Ihres Schreibens ist, verfassen Sie es ordentlich und leserlich.

2. Wenn Sie einen Brief für Ihre Firma verfassen, so tippen Sie ihn mit der Schreibmaschine oder dem Computer und benutzen Sie dafür den Briefkopf Ihrer Firma.

3. Benutzen Sie das übliche DIN A4 Format, außer Sie versenden einen persönlichen Kurzbrief. Kleinere Blätter verschwinden eher einmal unter einem Aktenstapel; größere passen nicht in die gängigen Formate des modernen Büros: Eingangskörbe, Aktenordner, Kopierer, Faxgeräte und Aktentaschen.

4. Kommen Sie schnell zur Sache. Nennen Sie im ersten Absatz den Grund Ihres Schreibens.

5. Fassen Sie sich kurz. Versuchen Sie, wenn möglich, Briefe auf eine Seite zu beschränken.

6. Schreiben Sie in der ersten Person, also: *Ich* anstatt *wir.*

7. Schreiben Sie so, wie Sie sprechen. Ihr Brief sollte so klingen, als ob er von einem Menschen kommt und nicht von einem Bürokraten.

8. Schreiben Sie richtig. Die Orthographie sollte stimmen. Achten Sie auf Stil und korrekte Grammatik. Wenn Sie sich unsicher sind, bitten Sie jemanden, Korrektur zu lesen und Ihnen Tips zu geben, wie Sie Ihren Stil verbessern können.

Ihr Leser

Wenn Sie festgestellt haben, daß Sie etwas Schriftliches aufsetzen müssen, dann sollten Sie dabei auch den Empfänger Ihrer Korrespondenz berücksichtigen. Ihr Wissen über Ihre Kunden wird Ihnen dabei helfen, den richtigen Ton zu treffen und die richtige Sprache zu wählen. Beispiele:

- Vermeiden Sie Jargon und Abkürzungen, außer Sie schreiben an jemanden, der mit Ihrem Geschäft sehr gut vertraut ist. Ihr Kunde weiß vielleicht nicht, was ein POS-Display oder ein XD29-System ist.
- Ist Ihr Leser ein Kind oder ein Erwachsener? Jung oder alt? Ist Deutsch seine Muttersprache? Stellen Sie sicher, daß Ihre Kunden verstehen, was Sie schreiben.
- Wie steht es momentan um Ihre Beziehung zum Empfänger? Ein zufriedener Kunde ist von einem Brief, der mit einem Problem beginnt, irritiert, während ein verärgerter Kunde nicht gerade entzückt sein dürfte, wenn er als erstes erfährt, daß Sie einen neuen Service eingeführt oder Sonderangebote laufen haben.

Ein kalter, unpersönlicher Ton klingt für den Kunden, als ob Sie ihn wie eine Nummer behandeln; zu viel Fachjargon oder Bürokratendeutsch verwirren eher, als daß sie zur Klärung beitragen – der Kunde fragt sich womöglich, ob Sie etwas zu verbergen haben.

Das Resultat

Aus dem, was Sie geschrieben haben, sollte zweierlei hervorgehen: erstens, der Grund Ihres Schreibens, und zweitens, welche Reaktion Sie erwarten (falls dem so sein sollte). Was genau soll der Kunde auf Ihren Brief hin unternehmen? Wann und in welcher Form? Soll er die Korrespondenz für spätere Zwecke aufbewahren? Wenn ja, wie lange? Muß er die Korrespondenz an jemand anders weiterreichen? Wenn ja, an wen und bis wann? Schreibgewandtheit macht einen enormen Anteil von gutem Service aus. Unbeholfenes Schreiben untergräbt alles, was Sie mühevoll aufgebaut haben.

Worte verfliegen, Schriftliches bleibt.

Lateinisches Sprichwort

Kapitel 18

Guter Service liegt in den Details

Es sind die kleinen Tupfer, die der Durchschnittskünstler vergessen würde, was aber des Meisters Ruhm ausmacht.

Orison Swett Marden,
Begründer der Zeitschrift *Success*

Nach dem Unterschied zwischen eindrucksvollen und profanen Bauwerken gefragt, antwortete der Schweizer Archikekt Mies van der Rohe schlicht und ergreifend: »Gott ist in den Details, den Details, den Details!« Was für erlesene Architektur gilt, gilt auch für erstklassigen Service: Wenn Sie auf die Details achten, und zwar auf die richtigen Details, dann werden die Kunden merken, was Ihr Service wert ist, und immer wieder zu Ihnen kommen.

Jede Einzelheit ist wichtig

Wir sind von Details umgeben, egal, wie unsere Arbeit beschaffen ist. Zu den Details gehören unser Aussehen, das Aussehen unseres Arbeitsplatzes, unsere Art zu sprechen, und das, was wir sagen. Dazu zählen all die kleinen Aufmerksamkeiten und Annehmlichkeiten, die wir in unser Serviceangebot einbauen, aber auch all die Ärgernisse, die wir übersehen und die wir unseren Kunden zumuten.

Hervorragende Unternehmen legen ganz besonderen Wert

auf die Details ihres Service. McDonald's zum Beispiel hat von Anbeginn an geradezu einen Fetisch aus dem Thema Sauberkeit gemacht. Manche Leute, die in den sechziger Jahren der Servicecrew von McDonald's angehörten, erinnern sich noch gut daran, wie Sie Schaufel und Besen schwingen mußten, nicht nur, um den eigenen Parkplatz sauberzumachen, nein, auch die umliegenden Parkplätze mußten gereinigt werden. Der Wahlspruch lautete: »If you've got time to lean, you've got time to clean« (»Wenn Sie gerade nichts zu tun haben, dann haben Sie Zeit zum Putzen.«)

Immer mehr Manager und Führungskräfte wissen heute, daß sie mit gutem Beispiel vorangehen müssen, wenn das ganze Unternehmen nachfolgen soll. Hierfür ein paar Beispiele:

- Fred Smith, Gründer und Vorstandsvorsitzender (CEO) von Federal Express, besteigt für seine zahlreichen Stippvisiten bei Federal Express-Niederlassungen im ganzen Land öfter mal einen Lieferwagen des Unternehmens.
- Bill Marriott Junior, Vorstandsvorsitzender (CEO) der Marriott Hotelkette, nimmt ab und zu hinter der Rezeption Platz, um neue Gäste zu empfangen; er leert auch Aschenbecher im Hotelfoyer und sammelt Müll auf dem Parkplatz ein.
- Bei den Walt-Disney-Erlebnisparks »Disney World« oder »Disneyland« werden Sie keinen Manager finden, der sich nicht höchstpersönlich für die Gäste bückt, um etwas aufzuheben, glattzustreichen und mit freundlichen Worten wieder zu überreichen, oder der nach den tausend anderen Kleinigkeiten schaut, die das Gesamterlebnis »Disneyland« für die Gäste unvergeßlich machen.

Diese Führungskräfte zeigen ihren Mitarbeitern auf mustergültige Weise, was es heißt, sein Augenmerk auf die Detail zu richten. Auch Sie sollten sich Ihren Kunden und Kollegen gegenüber in dieser Hinsicht vorbildlich verhalten.

Augenblicke der Wahrheit

Die Beachtung von Details bedeutet mehr, als nur den Hausmeister zu spielen. Es ist wichtig, daß Sie daran denken – und auch Ihre Kollegen daran erinnern –, daß sich der Kunde bei jedem Kontakt mit irgendeinem Aspekt Ihrer Arbeit einen Eindruck von Ihnen bildet oder auch neuformt, positiv wie negativ. Bei der SAS bezeichnen die Mitarbeiter ihre zahlreichen täglichen Kontakte mit den Kunden blumig als »Augenblicke der Wahrheit«. Ein »Augenblick der Wahrheit« findet jedesmal dann statt, wenn ein Kunde mit einem beliebigen Teil Ihres Unternehmes in Kontakt kommt und somit die Qualität des Unternehmens bewertet. Jedes beliebige Detail kann zum Augenblick der Wahrheit für Ihre Kunden werden: das Aussehen Ihres Geschäftes, des Gebäudes, des Parkplatzes; die Versprechen, die Sie in Ihrer Werbung machen; wie lange das Telefon bei Ihnen läutet, bis jemand abhebt, wie ein Anrufer behandelt wird, wie die schriftliche Korrespondenz, die Rechnungen aussehen... und nicht zu vergessen, wie die zahllosen Kontakte verlaufen, die die Kunden mit Ihnen haben.

Wie man Augenblicke der Wahrheit im Griff hat

Als Sie Ihre derzeitige Stelle antraten, konzentrierte sich Ihre Einweisung wahrscheinlich auf diejenigen Augenblicke der Wahrheit, die an Ihrem Arbeitsplatz wichtig sind. Wenn Sie schon lange Zeit bei Ihrer Firma sind, dann haben Sie in der Zwischenzeit wahrscheinlich gelernt, noch viele weitere Augenblicke der Wahrheit zu erkennen, die für den Kunden eine Rolle spielen. Um wahrhaft umwerfenden Service zu bieten, müssen Sie jeden einzelnen Augenblick der Wahrheit im Griff haben.

> **TIP**: Die Art und Weise, wie Augenblicke der Wahrheit gehandhabt werden, gibt den Ausschlag für die Noten, die die Kunden stillschweigend verteilen. Bewältigen Sie diese Augenblicke gut, bekommen Sie Einser und Zweier – und gewinnen treue Kunden. Handhaben Sie die Augenblicke schlecht, kassieren Sie Fünfer und Sechser – und verlieren auch noch Ihre Kunden bei dem Geschäft. Arbeiten Sie also so, daß Ihre Noten in dieser Schule gut ausfallen, dann werden Sie feststellen, daß Ihr Diplom sich in klingende Münze verwandelt.

Mit der Zeit neigt man dazu, zu glauben, man habe all die verschiedenen Augenblicke der Wahrheit im Griff, mit denen die Kunden einen konfrontieren. Glauben Sie dies ja nicht! Ganz egal, wie viel Erfahrung Sie gesammelt haben und wie geschickt Sie inzwischen sind, Sie müssen stets damit rechnen, daß Ihre Kunden Sie mit etwas Neuem überraschen. Das liegt daran, daß Kunden praktisch alles und jedes in einen Augenblick der Wahrheit verwandeln können.

Um die Augenblicke der Wahrheit in Ihrem Service gut zu beherrschen, sollten Sie die folgenden drei kundenorientierten Gewohnheiten entwickeln:

1. *Stets etwas dazulernen*: Die Details, die den Kunden wichtig sind, ändern sich tagtäglich und mit jedem neuen Kunden. Es gibt immer etwas hinzuzulernen.
2. *Die Kunden befragen*: Es gibt nur eine wirklich zuverlässige Methode, mit der man herausfindet, welche Augenblicke der Wahrheit für die eigenen Kunden eine Rolle spielen: man muß sie dazu bringen, sie einem zu nennen.
3. *Von seiner Firma Informationen einholen*: Zusätzlich zu Ihren eigenen täglichen Beobachtungen von Kundenpräferenzen können Sie vielleicht offizielle Umfragen und Studien heranziehen. Möglicherweise führt Ihre Firma so etwas auf laufender Basis durch. Stellen Sie sicher, daß Sie wissen, was die Marktforscher wissen, und benutzen Sie dies als Hilfe, um den Kunden besser zu bedienen.

Es sind weder Löwen noch Tiger, die den Kunden abschrekken. Es sind die kleinen Dinge, die ihn stören und entnerven. Jan Carlzon, der Vorstandvorsitzende der SAS, faßt die Erfolgsstory seines Unternehmens mit folgenden Worten zusammen:

> Wir hatten nie vorgehabt, in irgendeiner Sache um 1 000 Prozent besser zu werden. Nur ein Prozent besser in tausend verschiedenen Dingen, die dem Kunden wichtig sind, das wollten wir. Und es funktionierte.

Kapitel 19

Gute Verkaufstechnik ist guter Service – und umgekehrt

Nichts ist geschehen, bis jemand etwas verkauft.

Marketinggrundsatz

Verkauf und Service sind unmittelbar verknüpft. Selbst wenn Sie »Kundenbetreuer« sind und ein anderer Kollege »Verkäufer«, dann haben Sie beide das gleiche Ziel: den Kunden zufriedenzustellen. Dies war nicht immer so. In früheren Zeiten waren Verkaufs- und Servicepersonal gewöhnlich Kontrahenten:

- Die Mitarbeiter im Verkauf und im Marketing sahen ihre Kollegen im Servicebereich und in der Fertigung als »die Leute an, die mich nie bei meiner Arbeit unterstützen und die immer alles vermasseln, wenn ich die Kunden erst einmal herbeigeschafft habe.«
- Die Mitarbeiter aus dem Servicebereich und der Fertigung ihrerseits tendierten dazu, die Verkaufs- und Marketingleute als »die Leute in den Anzügen« anzusehen, »die exotische Werbungen herausbringen und lächerliche Versprechungen machen, um einen Kunden an Land zu ziehen, und uns dann mit der schwierigen Arbeit sitzenlassen.«

Der neue Wahlspruch lautet nun, daß Verkauf, Marketing, Service und Fertigung alle das gleiche Ziel haben: einen Kunden zu beschaffen und ihn auch zu halten.

Wenn sich Tätigkeitsbereiche überlappen

Guten Verkauf mit gutem Service zu kombinieren, erfordert Geschick. Versetzen Sie sich einmal in die Lage von Edgar Geizkragen, Besitzer eines Akkubohrschraubers, Modell »Handy-Andy 412-A«, mit dem er total unzufrieden ist. (Daß er unzufrieden ist, wissen Sie genau, weil er seinen neu erstandenen »Handy-Andy« auf den Ladentisch knallt und sein Geld zurückverlangt.)

Indem Sie Ihr ganzes Geschick aus dem Repertoire des umwerfenden Service aufwenden (also: zuhören – Fragen stellen – Problemlösung anbieten), kommen Sie zu dem Schluß, daß Edgar Geizkragen sich so fürchterlich aufregt, weil sein »Handy-Andy 412-A« dauernd wieder aufgeladen werden muß und zudem zu wenig Leistung bringt. Sie wissen aber auch, daß der 412-A nur für kleine Reparaturen gedacht ist, die im Haushalt anfallen. Für den Profihandwerker und auch für Herrn Geizkragens Zwecke ist er gänzlich ungeeignet, denn Herr Geizkragen baut in seiner Hinterhofwerkstatt Autos zusammen und fordert dem kleinen Gerät Höchstleistung ab. Für derartige Arbeiten hat Ihre Firma den weitaus teureren »412-C Turbo-Andy« im Angebot, den besten professionellen Elektrobohrschrauber der Branche und für Herrn Geizkragen das perfekte Gerät.

Nun aktivieren Sie also mal Ihre kleinen grauen Zellen, und überlegen Sie, welche der vier möglichen Vorgehensweisen Sie dem Verkäufer empfehlen würden:

1. Sie sagen Herrn Geizkragen, daß er sich sein ganzes Geschrei und obendrein viel Zeit gespart hätte, wenn er nicht am falschen Ende gespart und gleich das richtige Gerät gekauft hätte.
2. Sie erklären, wo der 412-A an die Grenzen seiner Leistung stößt, halten die Vorzüge des 412-C dagegen und

empfehlen Herrn Geizkragen, den teureren Bohrschrauber zu erstehen.
3. Sie entschuldigen sich bei Herrn Geizkragen für die Unannehmlichkeiten, erklären ihm den Unterschied zwischen den zwei Modellen, bieten ihm an, den 412-A sofort zurückzunehmen und ihm auf den 412-C einen Sonderrabatt zu gewähren, um ihn für seinen Aufwand zu entschädigen.
4. Sie entschuldigen sich für die Dummheit des Verkäufers, bieten Herrn Geizkragen an, den alten, abgenutzten 412-A für einen glänzenden neuen 412-C ohne jede weitere Kosten einzutauschen, schenken ihm noch einen Satz Ihrer besten rostfreien Edelstahl-Bohrer dazu *und* bieten sich an, Herrn Geizkragens Wagen zu waschen.

Wir haben uns für Möglichkeit drei als die beste Vorgehensweise entschieden: Sie beweisen damit Interesse an den Problemen des Kunden, kommen ihm entgegen und stellen Ihre Verkaufskunst unter Beweis. Möglichkeit zwei ist eine enge, altmodische Reaktion, die die Serviceabteilung als Reklamationsabteilung begreift. Damit werden Sie Herrn Geizkragen nicht als Dauerkunden gewinnen. Möglichkeiten eins und vier sind Antworten, die auf Unternehmen passen, wo bei der Einstellung von Mitarbeitern für die Kundenfront besonderer Wert darauf gelegt wird, daß deren Intelligenzquotient ungefähr ihrer Schuhnummer entspricht.

Wann ist Verkaufen kein guter Service?

1. *Es gibt keine Alternativen.* Die Wünsche des Kunden können mit keinem Produkt bzw. keiner Dienstleistung, die Sie anbieten, erfüllt werden, egal, wie gut Sie das Problem beheben, die Fragen des Kunden beantworten oder das lau-

fende Produkt bzw. den laufenden Service erklären.

2. *Sie haben eh' keine Chance.* Sie wissen, wie Sie das Problem beheben können, aber der Kunde war schon sauer, als er zu Ihnen kam, blieb sauer und will offensichtlich weiterhin sauer sein. Es besteht praktisch keine Aussicht, die Laune des Kunden zu heben, und schon gar keine, ihm ein besseres oder ein anderes Modell zu verkaufen.
3. *Verkaufen macht keinen Sinn.* Eine verbesserte oder zusätzliche Leistung wäre vollkommen unlogisch, ohne Bezug oder unpassend, wie zum Beispiel bei folgendem Angebot: »Möchte der Herr heute morgen vielleicht ein Knoblauchbaguette zu seinem Cappuccino?«

Wann ist Verkaufen guter Service?

1. *Wenn das Produkt, das der Kunde zur Zeit benutzt, oder die Dienstleistung, welche er in Anspruch nimmt, falsch ist.* – Sie hingegen wissen, welches Modell, welches System oder welche Vorgehensweise die Bedürfnisse des Kunden besser erfüllt, und Sie sind in der Lage, das entsprechende für den Kunden zu beschaffen oder zu leisten.
2. *Wenn das Produkt oder die Dienstleistung, welche der Kunde von Ihrer Firma erstanden hat, richtig ist* – aber irgendein Teil, Stück, Programm oder Prozeß notwendig ist, damit Ihr Produkt oder Ihre Dienstleistung richtig funktioniert: »Sie haben ein Betriebssystem der Version 4.9. Unsere Software ist auf das neue Betriebssystem 5.0 abgestimmt. Ich habe hier ein Upgrade für das 4.9-Betriebssystem, unter der Ihre Software laufen wird.«
3. *Wenn das fragliche Produkt bzw. die Dienstleistung veraltet ist.* – »Ich kann Ihnen ein Ersatzteil zuschicken und Ihnen bei der Reparatur behilflich sein. Ich halte es allerdings für die bessere Idee, sich ein neues Modell zuzule-

gen, das Ihre Zwecke besser erfüllt. Der Laser XJ7 hat verbesserte Schnittstellen und kann außerdem ...«

4. *Wenn eine zusätzliche Leistung weitere Probleme gar nicht erst entstehen läßt.* – »Ich sehe, daß Sie sich gegen den erweiteren Garantieschutz entschieden haben. Aber da Sie während der Garantiezeit zwei Probleme hatten, frage ich mich, ob Sie diese Entscheidung nicht noch einmal überdenken sollten?«
5. Wenn der Kunde auf ein anderes Produkt oder eine andere Dienstleistung umsteigen kann und dies als Wertsteigerung oder als Streicheleinheit ansieht. – »Bei dieser Form des Girokontos können Sie nur bis zu einem bestimmten Betrag überziehen. Das ist der Grund für die hohen Überziehungszinsen, wegen der Sie jetzt nachfragen. Ich würde Ihnen einen anderern Finanzierungsplan empfehlen, der Ihre Zwecke besser erfüllt und günstiger für Sie ist.«

Wenn auf Ihrem Namensschildchen KUNDENSERVICE steht, dann ist der Dienst am Kunden Ihr Full-time-Job. Aber denken Sie daran: auch wenn gar nichts in Ihrem Arbeitsbeschrieb auf eine Verkaufstätigkeit hinweist, so sind Sie doch ein Teil des Verkaufs- und Marketingteams. Ihre Arbeit hat stets zwei Seiten.

In Wirklichkeit sind Verkaufen und Service untrennbar.

Leonard Berry, David Bennett, Carter Brown,
Service Quality

Kapitel 20

Unterschätzen Sie nie den Wert eines aufrichtigen Dankeschöns

Dankeschön ... Dankeschön, Dankeschön ... und Dankeschön!

Fozzie Bear

Erinnern Sie sich noch daran, als Sie zehn Jahre alt wurden und sich zum Geburtstag nichts außer einer bestimmten elektrischen Eisenbahn oder einer besonderen Barbiepuppe wünschten? Und wie Sie statt dessen Unterwäsche von Ihrer Großmutter bekamen? Und wie Mami und Papi dastanden, den Blick auf Sie richteten und Ihnen einen kleinen Schubs versetzten: »Na, wie sagt man?« – »Dankeschön, Omi«, stammelten Sie. Und Ihre Großmutter strahlte und tätschelte Ihnen die Wange.

»Danke« zu sagen ist heute noch genauso wichtig wie damals, als Ihre Eltern sich abmühten, Ihnen das einzutrichtern. Bei Ihrer Arbeit müssen Sie Ihren Kunden tagaus, tagein danken. Sie müssen das Geschenk des Geschäfts, das Ihnen die Kunden überreichen, aufrichtig würdigen – selbst wenn es vielleicht nicht so aufregend ist wie eine elektrische Eisenbahn oder eine Barbiepuppe.

Neun Gelegenheiten, wann Sie dem Kunden danke sagen sollten

1. *Wenn er mit Ihnen Geschäfte tätigt ... und zwar jedes*

Mal. Es muß immer wieder betont werden: Kunden haben jedesmal, wenn Sie eine Dienstleistung oder ein Produkt brauchen, die Wahl unter vielen Anbietern. Wie leicht passiert es, daß man Stammkunden und gelegentliche Kunden als selbstverständlich erachtet. Tun Sie das nicht! Danken Sie ihnen jedesmal, daß sie Ihr Geschäft gewählt haben.

2. *Wenn er Ihnen (oder Ihrer Firma) ein Kompliment macht.* Komplimente können einem manchmal peinlich sein. Aber das aufrichtige Lob eines Kunden mit einem Achselzucken abzutun, bedeutet so viel wie: »Du Dummkopf, so gut bin ich nun auch wieder nicht.« Sie sollten das Kompliment statt dessen freundlich annehmen, »Dankeschön« sagen und hinzufügen: »Ich freue mich sehr, daß Sie mich beehren!«
3. *Wenn er kritische Bemerkungen oder Vorschläge macht.* Wenn Sie Ihren Kunden für Feedbacks danken, bringen Sie zum Ausdruck, daß Sie verstanden haben, was die Kunden kritisieren oder vorschlagen, und daß Sie ihre Meinungskundgabe zu schätzen wissen. Ein einfaches »Danke für die Mühe, die Sie sich gemacht haben, um mir das mitzuteilen! Es ist uns wirklich eine Hilfe, wenn wir wissen, wo wir etwas besser machen können!«, zusammen mit einem Blickkontakt und einem Lächeln, kann Wunder bewirken.
4. *Wenn er ein neues Produkt oder einen neuen Service ausprobiert.* Etwas Neues auszuprobieren kann unbequem sein. Und riskant. Das Altbewährte ist, na ja, eben alt und bewährt. Danken Sie den Kunden, daß sie es wagen, etwas anderes auszuprobieren.
5. *Wenn er Sie an Bekannte weiterempfiehlt.* Wenn ein Kunde Sie weiterempfiehlt, dann riskiert er selbst etwas dabei. Wenn Ihr Service etwas bringt, steht er gut da. Wenn nicht, dann ... Ein schriftliches Dankeschön für eine Empfehlung oder eine kleine Aufmerksamkeit beim nächsten

Mal, wenn Sie den betreffenden Kunden wiedersehen, besagt, daß Sie sich über seine Empfehlung gefreut haben.

6. *Wen er Geduld hat ... oder auch wenn er keine hat.* Egal, ob der Kunde es Ihnen mitteilen oder nicht (einige Kunden werden es Ihnen mitteilen, da können Sie Gift darauf nehmen!) – es ist so: niemand wartet gerne. Dem Kunden für seine Geduld zu danken, besagt, daß Sie seinen Aufwand an Zeit wahrgenommen haben und honorieren. Es ist auch eine der schnellsten Möglichkeiten, wie man einen Kunden beruhigt, der bereits lange gewartet hat und Anzeichen der Ungeduld zeigt.
7. *Wenn er Ihnen dabei behilflich ist, ihn besser zu bedienen.* Manche Kunden sind immer präpariert. Sie wissen ihre Kontonummer auswendig, haben stets die richtigen Unterlagen dabei und haben sich notiert, wann und wie der letzte Wartungsdienst stattgefunden hat. Sie machen Ihnen das Leben ein beträchtliches Stück einfacher; danken Sie ihnen dafür.
8. *Wenn er sich bei Ihnen beschwert.* Sollen Sie sich etwa dafür bedanken, daß er sich beschwert? Aber natürlich! Ein Kunde, der Ihnen mitteilt, daß er mit Ihrer Leistung gar nicht glücklich ist, gibt Ihnen eine weitere Chance. Und das ist tatsächlich ein Geschenk. Nun haben Sie nämlich die Gelegenheit, seine Treue erneut zu gewinnen, was Ihnen weitere Möglichkeiten gibt, ihm zu danken.
9. *Wenn er Sie zum Lächeln bringt.* Ein Lächeln ist eines der schönsten Geschenke, das Sie bekommen können. Danke dafür zu sagen macht es noch schöner.

Drei Arten, danke zu sagen

1. *Mündlich.* Sagen Sie danke nach jedem Kundenkontakt. Und sagen Sie es mit Gefühl. Wenn Sie ganz mechanisch

»Danke-daß-Sie-bei-uns-eingekauft-haben« herunterrattern, macht das auf den Kunden wenig Eindruck. Lassen Sie Ihre Dankeschöns warm, angenehm und persönlich klingen.

2. *Schriftlich.* Schicken Sie ein kleines Schreiben nach einem Kauf oder einem Besuch. Gestalten Sie es persönlich. Kunden hassen Formbriefe. Schreiben Sie ein Dankeschön unten auf Ihre Rechnungen.
3. *Mit einem Geschenk.* Schenken Sie etwas Kleines, wie zum Beispiel ein Notizbüchlein oder einen Kugelschreiber mit Ihrem Firmennamen. Es hilft dem Kunden, sich an Ihr Geschäft zu erinnern.

TIP: Achten Sie darauf, daß der Wert des Geschenkes in vernünftigem Verhältnis zum getätigten Geschäft steht. Manche Kunden könnten sonst zu der Ansicht gelangen, daß Ihr teures Geschenk ein Versuch ist, sie zu kaufen, anstatt es als kleine Dankesgabe aufzufassen.

Fünf oft vergessene Dankeschöns

1. *Ihre Kolleginnen und Kollegen.* Loben Sie jene, die Ihnen helfen. Bedanken Sie sich bei Kolleginnen und Kollegen, deren Sorgfalt gegenüber den Kunden Ihnen als Vorbild dient. Wenn Sie dies bei jeder sich bietenden Gelegenheit tun, und zwar so, daß die Kunden es auch hören, dann merken diese, daß ein ganzes Team hinter den Bemühungen steht, sie zu bedienen.
2. *Ihre Vorgesetzten.* Um sicherzugehen, daß Ihre Vorgesetzten Ihnen die Unterstützung geben, die Sie brauchen, sollten Sie ihnen ein positives Feedback geben, wenn sie Sie bei Ihrer Arbeit unterstützen.

3. *Leute in anderen Abteilungen Ihrer Firma.* Während Sie vielleicht der einzige sind, der tatsächlich mit den Kunden verkehrt, so sind es doch die Leute in den anderen Bereichen des Betriebs, die Ihre Arbeit mit dem Kunden erst möglich machen. Danken Sie ihnen, entweder persönlich oder der ganzen Gruppe.
4. *Ihre Lieferanten.* Ohne deren Professionalität könnten Ihre Kunden nicht den befriedigenden Service erhalten, den Sie liefern.
5. *Sich selbst*! Sie tun harte Arbeit und verdienen ein Schulterklopfen. Loben Sie sich selbst dafür, daß Sie Ihre Arbeit gut tun. Und führen Sie sich selbst ab und zu zum Essen aus, als ganz besonderes Bonbon.

TIP: Die effektivsten Dankeschöns sind die sofortigen, trefflichen, aufrichtigen und speziellen Dankeschöns.

Dankbarkeit ist nicht nur die größte der Tugenden, sie ist auch Quell aller weiteren Tugenden.

Cicero

Wie man Probleme im Service umwerfend gut löst

Irgendwann einmal klappt ein Service nicht so, wie er soll; das ist nach dem Gesetz der Wahrscheinlichkeit unvermeidlich. Mal ist es der Kunde, der einen Fehler macht, mal sind Sie es selbst, auch wenn Sie sich noch so sehr um Perfektion bemühen. Und manchmal haben Sie es einfach nur mit einem ganz besonders schwierigen Kunden zu tun – jemanden, der nie zufrieden ist und Ihre Geduld und Ihr Können auf eine harte Probe stellt.

Wenn etwas falsch läuft, dann ist es an der Zeit, daß sie Ihren Trumpf ziehen – Ihre »Umwerfende-Service-Problemlöse-Fähigkeit«. Die Fähigkeit, Probleme zu lösen – also die Situation zu retten, auch wenn sie noch so düster aussieht –, ist ein ausschlaggebendes Element eines hervorragenden Service. Sie erleichtert Ihnen die Arbeit. Sie sorgt dafür, daß der Betrieb reibungslos läuft. Und sie ist ein ausgezeichnetes Mittel, um eine angeknackste Beziehung wiederherzustellen und den Kunden noch fester an sich zu binden.

Kapitel 21

Wenn der Kunde Probleme mit dem Service hat – kein Problem!

Kein Kunde erwartet, daß Sie perfekt sind. Der Kunde erwartet aber, daß Sie das, was falsch gelaufen ist, wieder in Ordnung bringen.

Donald Porter,
Senior Vice President von British Airways

Sie gehen in ein Kaufhaus, um sich einen Camcorder zu kaufen, und stellen fest, daß das Modell aus der Werbung ausverkauft ist. Sie sind enttäuscht – ja sogar wütend. »*Warum haben die Werbung dafür gemacht, wenn sie es nicht da haben!*« fragen Sie sich. Einer der Verkäufer bemerkt jedoch Ihren Zorn. Es entsteht folgender Dialog:

Verkäufer: Kann ich Ihnen weiterhelfen?

Sie [*grantig*]: Das glaube ich kaum! Ich wollte einen Easy-Use Camcorder, aber Sie haben die Sachen, für die Sie Werbung machen, ja nie da!

Verkäufer: Das tut mir leid. Als die Anzeige erschien, hatten wir bereits mehr Camcorder verkauft, als wir dachten, daher hatten wir heute morgen nur noch ein paar wenige da. Aber wir kriegen den Easy-Use wieder rein. In etwa vier Wochen ist er wieder da, und dann können Sie ihn zum selben Preis haben.

Sie: Großartig! Das ist genau zwei Wochen zu spät. In zwei Wochen heiratet meine Tochter. Reizend, wirklich reizend!

Verkäufer: Ich kann Ihre Enttäuschung gut verstehen. Es ist ärgerlich, wenn man etwas kaufen will und dann erfahren muß, daß es nicht da ist. Haben Sie zwei Minuten Zeit? Ich gehe augenblicklich zum Abteilungsleiter und frage nach; vielleicht finden wir eine andere Lösung.

[*Zwei Minuten später*:] Gute Nachrichten für Sie! Ich kann Ihnen ein vergleichbares Modell eines anderen Herstellers anbieten – zum selben Preis! Auf diese Weise können Sie Ihren Camcorder noch heute mit nach Hause nehmen.

[*Strahlend und wahrscheinlich etwas verblüfft verlassen Sie das Geschäft mit einem neuen Camcorder in der Tasche.*]

Die Kunst der Wiedergutmachung

Wiedergutmachen bedeutet, die Dinge wieder in Ihren Normalzustand versetzen, sie geradezurücken, sie wiederherzustellen. Das tat unser Verkäufer eben für seinen potentiellen Camcorder-Käufer. Im Servicegeschäft beginnt eine ordentliche Wiedergutmachung damit, daß Sie erkennen, daß der Kunde ein Problem hat – je eher, desto besser.

TIP: Ein Problem ist immer dann vorhanden, wenn ein Kunde zum Ausdruck bringt, daß er ein Problem hat – also dann, wenn er verärgert, sauer, wütend oder enttäuscht reagiert. Was der eine Kunde als Enttäuschung empfindet, muß für den anderen noch lange keine sein; vielleicht hat er auch gar kein Problem damit. Wie dem auch sei, Sie können ein Problem nicht einfach ignorieren oder hinwegwünschen, nur weil kein normaler Mensch sich darüber aufregen würde, oder weil Sie nichts dafür können, oder weil es die Schuld Ihres Unternehmens ist. Sie können ein Problem nicht einmal dann übergehen, wenn der Kunde es selbst verursacht hat.

Wenn Sie die Probleme des Kunden so beheben wollen, daß der Kunde mit Ihrem Service wieder versöhnt ist, müssen Sie wohldurchdachte und konstruktive Aktionen einleiten. Mit verletzten Gefühle umgehen erfordert Sensibilität in bezug auf die Bedürfnisse, Wünsche und Erwartungen des Kunden.

Der Vorgang der Wiedergutmachung

Wenn das Problem des Kunden feststeht, sollten Sie mit der Wiedergutmachung beginnen. Sie brauchen nicht sämtliche der sechs Schritte, die nachfolgend beschrieben werden, auf jeden Kunden anwenden. Nutzen Sie das, was Sie über das Problem des Kunden herausfinden können, ferner Ihr Wissen über die Produkte und Dienstleistungen Ihres Unternehmens, um Ihre Handlungen an die jeweilige Situation anzupassen. Sie können nicht alle Kunden über einen Kamm scheren.

1. *Entschuldigen Sie sich.* Es spielt keine Rolle, wer den Fehler verursacht hat. Der Kunde braucht jemanden, der bestätigt, daß ein Problem eintrat, und der für seine Enttäuschung Verständnis zeigt.
2. *Hören Sie zu, und zeigen Sie Einfühlungsvermögen.* Behandeln Sie Ihre Kunden so, daß diese merken, daß Sie sich um sie und um ihr Problem kümmern. Jeder Mensch hegt Gefühle. Die Kunden wollen spüren, daß bei einer Leistung auch die persönliche Seite wahrgenommen wird.
3. *Beheben Sie das Problem schnell und auf faire Weise.* »Fair« heißt, ein Problem sorgfältig und professionell anzupacken. Das Entscheidende dabei ist, daß der Kunde das bekommt, was er ursprünglich erwartete. Je eher er es bekommt, desto besser.
4. *Versöhnen Sie den Kunden mit einem kleinen Geschenk.* Es ist nicht ungewöhnlich, daß der Kunde sich durch ein Serviceversagen vor den Kopf gestoßen fühlt. Häufig er-

wartet er von Ihnen dann eine Geste in Form einer zusätzlichen Leistung, die auf eine angemessene Weise besagt: »Ich will den Schaden wiedergutmachen.

5. *Halten Sie Ihre Versprechen.* Wiedergutmachung ist erforderlich, wenn ein Kunde glaubt, daß ein Serviceversprechen nicht eingehalten wurde. Während des Wiedergutmachungsvorganges werden Sie oftmals neue Zusagen machen müssen. Seien Sie dann realistisch in bezug auf das, was Sie leisten können und was nicht.
6. *Fassen Sie nach.* Sie können über den eigentlichen Wiedergutmachungsvorgang hinaus noch etwas Erfreuliches tun, indem Sie einige Stunden, Tage oder Wochen danach anfragen, ob die Dinge tatsächlich zur Zufriedenheit des Kunden geklärt worden sind. Gehen Sie nicht einfach davon aus, daß Sie das Problem behoben und den Kunden zu seinem Recht haben kommen lassen. Prüfen Sie es nach, um absolut sicher zu sein.

TIP: Beheben Sie Probleme sofort. Die Dringlichkeit, die Sie an den Tag legen, signalisiert dem Kunden, daß Sie (und Ihre Firma) eine Wiedergutmachung genauso wichtignehmen wie die eigentliche Servicetransaktion.

Schwierigkeiten heraufbeschwören

Müssen wir eigentlich überhaupt darüber reden, was zu tun ist, wenn etwas schiefläuft? Warum können wir unsere Energie nicht darauf verwenden, eine Sache gleich beim ersten Mal richtig zu erledigen?

Die Antwort ist einfach: Weil eben nicht immer alles auf Anhieb klappt. Tatsache ist, daß etwa ein Drittel der Probleme des Kunden mit dem Service durch den Kunden selbst

verursacht wird. Service, selbst umwerfend guter Service, hat mit Menschen zu tun, und die sind nun einmal nie hundertprozentig perfekt. Das gilt für Ihre Kunden, und das gilt auch für Sie. Jeder macht einmal einen Fehler, das wissen wir alle. Selbst wenn Sie Ihre Arbeit korrekt erledigen und den Bedürfnissen des Kunden nachkommen, können Probleme auftauchen, wenn Erwartungen nicht erfüllt werden.

Was auch immer passiert, oder aus welchem Grund etwas passiert, es ist stets besser, ein gelegentliches Mißgeschick gleich und effektiv anzugehen, als es zu ignorieren und darauf zu hoffen, daß es von selbst verschwinden möge, oder als sich irgendwie durchzuwursteln in der Hoffnung, daß es schon gut gehen wird.

Die drei Regeln der Wiedergutmachung

1. Mach die Dinge auf Anhieb richtig!
2. Behebe Probleme, wenn etwas schiefgelaufen ist!
3. Denk daran: Eine dritte Chance hast du nicht!

Dr. Leonard Berry,
Marktforscher an der Texas A&M University

Kapitel 22

Was eine wohlplazierte Entschuldigung bewirken kann

Ein paar Worte des Bedauerns zeigen anderen Menschen, daß man sie ernstnimmt und behutsam mit angeschlagenen Gefühlen umgehen kann.

Robert Conklin,
How to Get People to Do Things

»Es tut mir leid« – das sind einfache Worte, und trotzdem hört man sie viel zu selten. Tatsächlich deuten unsere Forschungsergebnisse darauf hin, daß sich Unternehmen in weniger als der Hälfte der Fälle entschuldigen, in denen der Kunde mitteilt, daß er ein Problem mit einem Produkt oder einer Dienstleistung hat. Das ist gerade mal halb so oft, wie der Kunde eine Entschuldigung verdient hätte. Hingegen sollte die Lösung eines jeglichen Problems, ob groß oder klein, mit einer aufrichtigen Entschuldigung beginnen.

Warum fällt es uns so schwer, »es tut mir leid« zu unseren Kunden zu sagen? Der wesentlichste Grund ist wahrscheinlich, daß wir Angst vor diesen Worten haben. Wir denken vielleicht, daß ein »Es-tut-mir-leid« in anderen Worten bedeutet: »Ich habe versagt« oder »ich bin kein guter Mensch« oder »ich gehe nicht professionell genug vor«. Nichts von dem könnte weiter von der Wahrheit entfernt sein. Eine Entschuldigung ist einfach nur eine Anerkennung der Tatsache, daß irgendetwas nicht so läuft, wie es aus Sicht des Kunden laufen sollte.

Rechtliche Konsequenzen

Leider besteht heutzutage häufig die Befürchtung, daß eine Entschuldigung vom Kunden als Schuldeingeständnis aufgefaßt werden könnte und daß man in der Folge für irgendwelche Fehler haften muß – entweder persönlich oder als Unternehmen. Man hört ja in den Nachrichten ständig von Prozessen um Unsummen von Geld. Also ist es verständlich, daß sich ein Unternehmen über die möglichen finanziellen Konsequenzen einer Entschuldigung Gedanken macht, und daß der Einzelne nur zögerlich bereit ist, Schuld persönlich auf sich zu nehmen.

Sollte Ihre Arbeit rechtliche Aspekte beinhalten, dann vergewissern Sie sich, daß Sie sie kennen und wissen Sie darum, wie Sie belangt werden könnten. Das heißt nicht, daß Sie nie »Es tut mir leid, daß Sie Unannehmlichkeiten hatten« sagen dürfen. Eine aufrichtige Entschuldigung, zur rechten Zeit und in einer professionellen Art und Weise vorgebracht, ist in der Tat der beste Weg, um sich mögliche rechtliche Probleme vom Hals zu halten. Wenn Sie die Bereitschaft zeigen, dafür zu sorgen, daß Ihre Kunden das bekommen, was sie erwarten, dann werden Sie Streitigkeiten vor Gericht kaum zu befürchten haben.

Wenn der Kunde schuld ist

Genauso wie sich entschuldigen kein Schuldeingeständnis ist (»Es tut mir leid, daß *wir* Ihnen dies antaten«), so ist es auch keine Gelegenheit, Schuldzuweisungen zu machen (»Es tut mir leid, daß *Sie* zu dumm waren, die Gebrauchsanleitung zu lesen, bevor Sie das Gerät einschalteten und folglich einen Kurzschluß verursachten«).

Jeder im Service weiß, daß der Kunde nicht immer seinen gesunden Menschenverstand benutzt oder sich peinlich genau an die Anleitung hält, die wir ihm geben. Manchmal macht der Kunde eben etwas falsch, aus welchem Grund auch immer – mit vorhersehbar schwerwiegenden Folgen. Dann kommt er zu uns, damit wir den Schaden beheben. Und da niemand gerne zugibt, daß er einen Fehler gemacht hat, gibt der Kunde oft uns die Schuld.

TIP: So verlockend es auch sein mag, unterdrücken Sie das Verlangen, den Kunden wie einen jungen Hund mit der Nase auf seinen Fehler zu stoßen. Eine aufrichtigen Entschuldigung soll die persönliche und professionelle Anerkennung der Tatsache sein, daß Ihr Kunde enttäuscht wurde oder Unannehmlichkeiten hatte. Es ist wirklich gleichgültig, wer bzw. was schuld war.

Als der Fernsehsender Vision Cable in Charlotte im Staat North Carolina vor einigen Jahren von einem Orkan schwer getroffen wurde, konnten tausende von Kunden kein Kabelfernsehen empfangen. Die Mitarbeiter von Vision Cable taten alles Menschenmögliche, um die Schäden so schnell wie es ging zu beheben. Arbeitstruppen schufteten Tag und

Nacht. Darüberhinaus entschuldigte sich der Direktor der Fernsehanstalt, Milton Moore, mehrmals im Radio persönlich bei seinen Kunden. Er versicherte ihnen, daß sie für jeden Tag ohne Sendeempfang finanziell entschädigt werden würden, und bat sie um ihre Mithilfe in der Form, daß die Kunden ihn von jeder weiteren Empfangsstörung unterrichten sollten.

War er dazu verpflichtet? Natürlich nicht. Aber seine Botschaft an die Kunden besagte eindeutig: »Wir wollen die Dinge so schnell wie möglich in den Normalzustand versetzen.« Wenn Moore sich für einen Wirbelsturm entschuldigen kann, dann denken Sie einmal daran, wie viel Sie mit einem wohlplazierten »Es tut mir leid« bewirken können.

Anderen die Schuld zuschieben

Läuft einmal etwas schief, lenkt man schnell mal vom eigenen Versagen ab: »Wenn diese ›Superschlauen‹ vom Computerservice endlich einmal herausfinden würden, warum dieses System nie so funktioniert, wie es sollte, dann müßten wir Sie nicht so lange hier warten lassen« oder »Der Putzdienst hätte das gestern eigentlich entfernen müssen, aber ich glaube fast, daß die mit ihrer Kaffeepause zu beschäftigt waren. Und jetzt sind Sie da hineingetreten.«

Tip: Einem anderen Bereich Ihres Unternehmens die Schuld für eine Servicepanne zuzuschieben, heißt für den Kunden nichts anderes, als daß Ihre Firma aus separaten Abteilungen besteht, die jede für sich und sogar gegeneinander arbeiten, anstatt als festes Team, das gemeinsam für den Kunden da ist. Verkneifen Sie sich also Schuldzuweisungen – Sie tun sich und Ihren Kollegen damit einen Gefallen.

Machen Sie es richtig

Eine vage Entschuldigung, abgegeben auf eine unpersönliche und roboterhafte Weise, kann schlimmer sein als überhaupt keine Entschuldigung. Wirkungsvolle Entschuldigungen sind darum:

1. *Aufrichtig*. Während Sie vielleicht nicht genau wissen, was jeder einzelne Ihrer Kunden fühlt und erlebt – so wie es bei den Mitarbeitern von Vision Cable der Fall war –, so können Sie dennoch echte Betroffenheit zeigen.
2. *Persönlich*. Entschuldigungen sind weitaus stärker, wenn sie in der ersten Person abgegeben werden: »Es tut *mir* leid, daß Sie damit Probleme hatten.« Denken Sie daran, daß *Sie* für den Kunden das Unternehmen darstellen, nicht ein nebulöses »wir« oder »die Geschäftsleitung«.
3. *Rasch*. Warten Sie nicht, um erst herauszufinden, warum es Probleme gibt oder durch was sie verursacht wurden, bevor Sie Ihr Bedauern darüber ausdrücken, daß Probleme eintraten. Je eher Sie auf einen genervten Kunden reagieren, desto besser.

> Ich glaube, daß der Kunde Sie – vorausgesetzt Sie sind ihm gegenüber ehrlich und geradeheraus – wie einen Nachbarn behandeln wird, wenn Sie durch irgendwelche Umstände, die außerhalb Ihrer Kontrolle liegen, in die unterlegene Position geraten sind.
>
> *Milton Moore*,
> General Manager von Vision Cable

Kapitel 23

Gefühle »reparieren«

Hier ist Ihr Essen, und ich hoffe, daß Sie daran ersticken!!

Bedienung in einem Schnellrestaurant zu einem Kunden, der sich darüber beschwerte, daß er zehn Minuten auf sein Essen warten mußte. (Dies ist eine wahre Begebenheit. Wir haben sie nicht erfunden!)

Der schwierigste Teil im Umgang mit anderen Menschen ist die menschliche Ebene selbst, das haben Sie sicher schon erkannt. Wenn Produkte Probleme verursachen, so hat der Kunde ein Objekt, das er verfluchen, das er treten oder anschreien, oder an dem er sich sonst irgendwie abreagieren kann. Wenn hingegen eine Dienstleistung nicht funktioniert, dann sind Sie derjenige, auf den sich seine ganze Wut konzentriert.

Es ist verführerisch, auf emotionale Ausbrüche seiner Kunden emotional zu reagieren. Verführerisch, aber nicht sehr weise, und sicherlich nicht sehr produktiv. Wut mit Wut zu begegnen, Sarkasmus mit Sarkasmus, Frust mit Ungeduld, oder das emotionale Moment insgesamt zu ignorieren, hinterläßt sowohl bei der Person, die den Service stellt, wie auch bei der, die ihn entgegennimmt, angeknackste Gefühle. Verständlich, daß dann keiner der beiden auf eine Wiederholung erpicht ist. Profis in Sachen umwerfender Service erkennen das emotionale Element einer Servicepanne und beherrschen die Wiedergutmachung in einer ruhigen, professionellen und ausgeglichenen Art und Weise. Um dies leisten zu können, genügt es nicht, nur die Sache zu beheben. Sie müssen auch den menschlichen Aspekt berücksichtigen.

Der »Farbcode« der Gefühle

Genauso wie es auf Probleme verschiedene Lösungen gibt, gibt es auch verschiedene Möglichkeiten, verletzte Gefühle beim Kunden zu heilen, abhängig von der jeweiligen »Färbung« seines Gefühlszustands. Als Serviceprofi sind Ihnen wahrscheinlich schon einige »Färbungen« begegnet, angefangen von vor Wut blaß werden bis zum zorngeröteten Gesicht. Manche Menschen reagieren bei Problemen sehr verständnisvoll, andere machen Ihnen die Hölle heiß dafür, daß Sie in irgendeinem Serviceschlamassel eine Rolle spielen, wieder andere versetzen Sie nachgerade in Angst und Schrecken.

Wir persönlich finden es hilfreich, Kunden aufgrund ihrer Reaktionen in drei emotionale Farben einzuteilen: arrogantblau, übellaunig-orange und rasendrot.

- *Arrogantblaue Kunden.* Diese Kunden geben Ihnen nicht genügend emotionale Anhaltspunkte, womit Sie den Grad ihrer Verstimmung feststellen können. Für manche ist eine Panne einfach ein Vorfall, bei dem Emotionen keine Rolle spielen – sie passen sich der Situation an und lassen sich durch nichts aus der Fassung bringen. Aber seien Sie sich bewußt, daß scheinbar neutrale Kunden schnell die emotionale Leiter hochgehen können, wenn Sie deren Gefühle nicht ernst nehmen.
- *Übellaunig-orangefarbene Kunden.* Bei Ärger reagieren diese Menschen irritiert, weil ihr Serviceerlebnis hinter ihren Erwartungen zurückbleibt. Nehmen Sie diese Kunden jedoch nicht auf die leichte Schulter, sondern respektieren Sie deren Ärger, sonst bringen Sie sie schnell auf die Palme!
- *Rasendrote Kunden.* Diese Kunden sind relativ schnell wütend oder frustriert; Servicepannen nehmen sie persönlich und fühlen sich mit Absicht schikaniert. Normaler-

weise kann man ihren Grad an emotionaler Betroffenheit ohne Schwierigkeiten festzustellen – er wird sich jedermann innerhalb eines Radius von drei Häuserblöcken lautstark mitteilen.

Zur Verdeutlichung der Unterschiede zwischen diesen drei Kundensorten sollten Sie sich einmal folgende Reaktionen auf die gleiche Ausgangssituation ansehen:

Arrogant-blau:
Bobs Maschine trifft mit einer Stunde Verspätung am Flughafen ein, aber er hat einen neunzigminütigen Zwischenstop und kann seinen Anschlußflug noch bekommen, so daß Bobs Pläne nicht davon berührt werden.

Übellaunig-orange:
Olivias Flug hat eine Stunde Verspätung, was zur Folge hat, daß sie ihren Anschlußflug verpaßt und auf einen späteren Flug warten muß.

Rasend-rot:
Rays Flug hat eine Stunde Verspätung, was zur Folge hat, daß er den letztmöglichen Anschlußflug verpaßt. Das wiederum hat zur Folge, daß er sich eine Bleibe für die Nacht suchen und Telefonate führen muß, um sämtliche Termine für den folgenden Tag umzulegen.

Wenn Sie nun die emotionale Farbe Ihrer Kunden erkennen, können Sie leichter feststellen, welche die jeweils beste Taktik ist, um den speziellen Kunden wieder zu versöhnen. Hier gebe ich Ihnen einen praktischen Leitfaden an die Hand. Angenommen, Ihr Kunde ist:

Arrogant-blau:	• Zeigen Sie Ihr Überraschtsein. • Greifen Sie zu allgemein bekannten Techniken im Umgang mit Menschen, und wenden Sie sie auf den Kunden an.
Übellaunig-orange:	• Reagieren Sie beflissen. • Gewinnen Sie den Kunden für andere Lösungen. • Lassen Sie den Kunden in den Genuß irgendeiner Zusatzleistung kommen.
Rasend-rot:	• Zeigen Sie viel Einfühlungsvermögen. • Geben Sie dem Kunden Zeit, Dampf abzulassen. • Schaffen Sie eine ruhige Atmosphäre. • Hören Sie aktiv zu. • Planen Sie weitere Aktionen.

Die Spitze des Eisbergs

Den menschlichen Aspekt zu berücksichtigen, ist ein wichtiges Element eines durchdachten Wiedergutmachungsversuchs, weil die emotionale Reaktion eines Kunden manchmal nicht unbedingt allein auf die eigentliche Servicepanne zurückzuführen ist. Wenn Sie einem aufgebrachten Kunden gegenübertreten, können Sie anhand der ersten emotionalen Anzeichen noch nicht erkennen, ob sein Problem von einer Flugverspätung herrührt, einer kaputten Heizung, einem geplatzten Scheck oder womöglich sogar ... tja, schauen Sie sich einmal dazu folgendes Beispiel an:

Eine Bekannte arbeitete vor einigen Jahren eine Zeitlang in einer Eisdiele. Als einmal besonders viel los war, kam ein Geschäftsmann herein und bestellte einen Bananensplit. Sie bereitete ihn zu, brachte ihn dem Gast und wollte den nächsten Gast bedienen. Einen Augenblick später meldete sich der erste Gast erneut. »In diesem Bananensplit ist keine einzige Banane«, polterte er los, »welcher Idiot macht denn Bananensplits ohne Bananen?«

Starr vor Schreck über diesen Ausbruch konnte unsere Freundin nicht viel mehr tun als den Mann ansehen – und den bananenlosen Bananensplit. Als er endlich eine Pause einlegte, um Luft zu holen, unternahm sie das einzig richtige: »Meine Güte, es tut mir fürchterlich leid. Ein Bananensplit ohne Bananen ist natürlich ein Unding. Ich wäre da auch sauer. Gestatten Sie, daß ich Ihnen einen neuen bringe – und Ihnen Ihr Geld zurückerstatte.«

Jetzt merkte der Kunde, daß er tobend und schimpfend vor seinem Eis saß, während die anderen Gäste ihn neugierig anstarrten, und er sich mit nichts weiter konfrontiert sah als mit dem aufrichtig-besorgten Blick einer jungen Bedienung. Da mußte er lachen. Die Bedienung lachte ebenfalls. Auch die anderen Kunden fingen an zu lachen. Die Krönung war, daß er sich bei ihr entschuldigte, während sie ihm einen neuen Bananensplit machte. Nebenbei bemerkt: Er wurde Stammgast in jener Eisdiele.

> Wenn ein Servicetechniker vor Ort kommt, hat er zwei Reparaturen vor sich: Er muß das kaputte Teil reparieren, und er muß den Kunden »reparieren«. Das zweitere ist wichtiger.
>
> *Bill Bleuel*, Berater in Sachen Kundenzufriedenheit und Professor für quantitative Methoden an der Pepperdine University

Kapitel 24

Probleme fair regeln

> Wenn Sie mit einem Kunden Schwierigkeiten haben, reduziert dies die Wahrscheinlichkeit, daß er noch einmal bei Ihnen einkauft.
>
> *Joseph M. Juran,*
> Vater der Qualitätskontrolle

Ist es Ihnen auch schon einmal so vorgekommen, als ob manche Menschen Naturtalente seien, was das Regeln von Problemen anbetrifft? Wie knifflig die Situation, wie heikel der Konflikt auch sein mag, solche Leute finden immer einen Weg, der aus der Sackgasse führt. Vielleicht gehören ja auch Sie zu dieser Sorte Mensch.

Wenn nicht, dann denken Sie jetzt vielleicht: »Ich werde niemals so effizient sein wie ... – dazu fehlt mir einfach das Talent.« Probleme regeln ist aber kein Talent, es ist eine Fertigkeit. Menschen, die Probleme effizient regeln können, haben sich diese Fertigkeit eben angeeignet. Damit Sie Ihre Problemlösefähigkeiten üben und verbessern können, empfehlen wir Ihnen, nach dem folgenden Dreischritt vorzugehen: Zuhören – Sondieren – Beheben.

Schritt 1: *Zuhören,* um das Problem herauszufinden

Man kann gar nicht genug betonen, wie wichtig es ist, dem Kunden gut zuzuhören. In einer Situation, in der ein Problem ansteht, sollten Sie aus zweierlei Gründen gut aufpassen:

1. Um Ihrem Kunden die Möglichkeit zu geben, seinen Frust oder Ärger abzulassen – Teil des Prozesses »verletzte Gefühle heilen«; und
2. um das wahre Problem zu ergründen (welches manchmal offensichtlich ist, manchmal nicht).

Hier ein Beispiel. Hören Sie also bei der folgenden Kundenreklamation gut zu:

»Ich habe gestern abend ein ›Kid-Pro Bike‹ bei Ihnen gekauft. Mit Verpackung wiegt das Ding bestimmt vierzig Kilo! Ich habe es also endlich geschafft, die Schachtel in mein Auto zu hieven – wobei Sie mir kein bißchen geholfen haben – habe sie nachhause transportiert, und für das Ausladen, ins Haus schleppen und Auspacken eine Stunde gebraucht. Ehrlich! Das soll ein Kinderfahrrad sein, wo man einen Arnold Schwarzenegger dafür braucht, um allein die Schachtel aufzukriegen! Und dann fehlte auch noch die Anleitung!! Wie soll ich das Fahrrad zusammenbauen, wenn die Anleitung fehlt?«

Aufgebrachte Kunden bringen oft eine Vielzahl von Gründen in ihrer Schimpftirade unter. Diese Kundin ist verärgert, weil sie Schwierigkeiten hatte, ihren Einkauf aus dem Geschäft zu tragen, die Schachtel aus dem Auto ins Haus zu befördern und die Verpackung zu entfernen. Das eigentliche Problem aber ist die fehlende Bauanleitung.

TIP: Unterbrechen Sie den Kunden nicht, bevor Sie nicht das eigentliche Problem vernommen haben. Vielleicht sind Sie im Recht, vielleicht aber auch nicht. Hören Sie zu, bis Ihr Kunde mit seinen Erklärungen zu Ende ist. Er wird sich besser fühlen, wenn er seine Geschichte vollständig losgeworden ist, und dann können Sie die fehlenden Teile des Puzzles leichter entdecken. (Ihr Kunde hat seine Rede auf dem ganzen Weg von zuhause bis zu Ihrem Geschäft einstudiert – lassen Sie ihn sie vortragen, und zwar so dramatisch oder leidenschaftlich, wie er es sich vorgenommen hat.)

Schritt 2: *Sondieren,* um das Problem richtig zu erkennen und zu bestätigen

Insbesondere aufgebrachte Kunden erklären nicht immer alles klar oder vollständig. Fragen Sie nach, wenn Sie irgend etwas nicht richtig verstanden haben oder wenn etwas erklärungsbedürftig ist. Wenn Sie das Gefühl haben, daß Sie das Problem klar erkannt und verstanden haben, dann wiederholen Sie es vor dem Kunden.

»Es tut mir leid, daß Sie mit dem ›Kid-Pro Bike‹, das Sie gekauft haben, eine Enttäuschung erlebten. Wenn ich Sie richtig verstehe, steht das Fahrrad jetzt bei Ihnen zuhause, aber in Teilen – wegen der fehlenden Bauanleitung. Ich wäre da genauso frustriert wie Sie.«

TIP: Setzen Sie diesen Schritt ein, um deutlich zu machen, daß das Problem, welches der Kunde vorträgt, auch von Ihnen als Problem erkannt wird. Nichts verärgert einen Kunden mehr, als hören zu müssen, daß ein Verkäufer auf seine Sorgen mit einem lässigen »na und?« reagiert.

Schritt 3: *Lösungen* finden und umsetzen

Wenn Ihnen ein Problem schon einmal begegnet ist, dann kennen Sie wahrscheinlich bereits die beste Lösung. In diesem Fall sollten Sie die Methode »nachvollziehen – verallgemeinern – Problemlösung anbieten« anwenden, um Ihre Lösung zu präsentieren:

»Ich kann gut nachvollziehen, daß Sie ______ (wütend, enttäuscht, etc) sind. Anderen Leute würde es genauso ergehen, mich selbst eingeschlossen. Wir haben festgestellt, daß das Problem mit ______ behoben werden kann.

Wenn Sie nicht sicher sind, welches die beste Lösung ist, dann bieten Sie mehrere Möglichkeiten an und fragen den Kunden, welche er bevorzugt.

»Ich könnte jemanden ins Lager schicken und nachsehen lassen, ob wir noch ein Fahrrad da haben, bei dem die Anleitung beiliegt. Oder, falls Sie in Eile sind, könnte ich Ihnen eine Kopie von unserem Original ziehen. Aber vielleicht möchten Sie ja einen Bick auf das ›Kid-Pro Modell‹ werfen, das wir hier aufgebaut haben. Sie können mich auch gerne anrufen, wenn Sie Ihres zusammenbauen und noch Fragen haben.«

Indem Sie den Kunden bei der Entwicklung von möglichen Lösungen beteiligen, bauen Sie die Beziehung neu auf und geben ihm außerdem das Gefühl, daß Ihr Geschäft wirklich daran interessiert ist, ihn zufriedenzustellen. Sie werden erfahren, daß die meisten Kunden fair sein wollen und häufig weniger erwarten, als Sie vermuten. Bei unseren Untersuchungen über Telefonkundendienste fanden wir beispielsweise heraus, daß diejenigen Kunden, deren Telefone an einem Wochenende kaputtgegangen waren, gar nicht erwarteten, daß der Kundendienst sofort anrückte. Sie gingen davon aus, daß Monteure genau wie sie selbst am Wochenende gern zuhause bleiben.

TIP: Wenn Ihr Lösungsvorschlag bei Ihrem Kunden wenig Anklang findet oder gar auf Ablehnung stößt, dann haben Sie das wirkliche Problem wahrscheinlich noch nicht herausgefunden. Sondieren Sie weiter, indem Sie den Kunden fragen, was seiner Meinung nach noch vorgenommen werden sollte.

Ein Extraschritt

Manchmal genügt es nicht, das aktuelle Problem zu lösen. Denken Sie daran, daß der Zweck einer fairen Regelung nicht allein im Beheben des Problems besteht, sondern auch – und das ist wahrscheinlich noch wichtiger – im Halten des Kunden. Eine angeknackste Beziehung wieder aufzubauen, besonders wenn der Kunde sich persönlich getroffen fühlt, erfordert vielleicht einen weiteren Schritt, den wir »symbolische Entschädigung« nennen. Es bedeutet, daß Sie mit einer angemessene Geste signalisieren: »Ich möchte das, was wir Ihnen angetan haben, irgendwie wiedergutmachen«. Als Entschädigung kann ein kleines Extra dienen, etwas, das über den Rahmen Ihres üblichen Service hinausgeht. Damit zeigen Sie dem Kunden, daß Ihnen etwas an ihm liegt.

»Ich bin froh, daß Sie uns die Chance gegeben haben, die Sache zu regeln. Bevor Sie gehen, lassen Sie mich doch noch unsere Geschäftsnummer und meine Privatnummer auf der Bauanleitung notieren, falls Sie noch Fragen haben. Und dafür, daß Sie extra herkommen mußten, möchte ich Ihnen gern ein persönliches Nummernschild für das Fahrrad Ihres Sohnes überreichen. Sagen Sie mir bitte seinen Namen?«

Behebe den Schaden,
statt über den Kunden zu klagen.

Hardee's Devise für den Umgang mit Beschwerden

Kapitel 25

Regeln dürfen übertreten werden! (diese auch)

Ausnahmen bestätigen die Regel.

Sprichwort

Regeln gibt es überall. Es gibt offizielle Regeln, zum Beispiel Gesetze oder Geschäftsbedingungen:«Halt bei roter Ampel« oder »Umtausch nur mit Kassenbon«, und solche, die nicht festgeschrieben sind. Das sind Gewohnheitsregeln, oder sie beruhen auf Erfahrungswerten – »Wenn man jemand anrempelt, sagt man ›Entschuldigung‹«, oder »Im Feierabendverkehr muß man sich etwas mehr Zeit nehmen.«

Regeln sind einzig zu dem Zweck erfunden, das Leben reibungsloser, effizienter und in einer organisierteren und ordentlicheren Weise ablaufen zu lassen. Manchmal nennt man diesen Zweck den »Geist des Gesetzes«. Aber nicht immer erfüllen Regeln ihren Sinn. In der Tat stehen Regeln manchmal dem entgegen, was wir zu vollbringen versuchen. Daher ist es für Profis in Sachen umwerfender Service wichtig, die Regeln zu verstehen, die ihre Anstrengungen bestimmen.

Regeln versus Ausnahmen

Wir sind so daran gewöhnt, daß unser Leben von Regeln bestimmt wird, wodurch wir manchmal in Versuchung kommen, schnell eine Regel zu erfinden, um nicht zugeben zu müssen, daß wir auf die Frage eines Kunden keine Antwort wissen bzw. weil wir uns vor einer selbständigen Entscheidung drücken wollen. Oder wir stehen unter Zeitdruck und greifen in der Not auf eine Regel aus einem anderen Zusammenhang zurück, die uns für die aktuelle Situation angebracht erscheint.

Stellen Sie sich zum Beispiel einmal vor, Sie seien die neue Kassiererin. Ein Kunde bittet Sie, seinen Scheck über 50 Mark mehr ausstellen zu dürfen, als der Wert seiner Einkäufe beträgt. Sie wissen nicht, wie ein derartiger Fall in der Regel gehandhabt wird, und es ist niemand in der Nähe, den Sie fragen können. Was tun Sie also?

- Sie nehmen an, daß das Einlösen von Schecks über den Einkaufsbetrag hinaus gegen die Geschäftsregeln ist, und sagen folglich nein.
- Sie greifen auf eine Regel zurück, die an Ihrer vorherigen Arbeitsstelle galt, und gestatten dem Kunden, den Scheckbetrag um 10 oder 20 Mark zu erhöhen.

Beide Wege kommen Ihnen gelegen, weil Sie damit die Kontrolle über die Situation behalten und Sie nicht »Tja, ich habe leider keine Ahnung, ob das geht« sagen müssen. Es ist aber völlig normal, daß man nicht alle Regeln kennt! Etwas nicht zu wissen, sich aber dann kundig zu machen, ist sogar die beste Möglichkeit, wie man schnell mit den Gegebenheiten einer neuen Arbeitsstelle vertraut wird! Anstatt also von der Annahme auszugehen, daß eine Regel existiert, aufgrund derer Sie jemanden ein »Nein!« erteilen müssen, sollten Sie schnell herausfinden, wie Sie »Ja!« sagen können.

Ein guter Freund, Dick Schaaf, ein Serviceberater, erzählte einmal, daß er vor rund zwanzig Jahren, als er dem Serviceteam von McDonald's angehörte, ab und zu einen Kunden hatte, der ein gegrilltes Käsesandwich wollte. Nun war so etwas nicht auf der offiziellen Speisekarte vorgesehen, aber das Restaurant hatte im Prinzip alles da, was man zur Herstellung eines gegrillten Käsesandwiches braucht: einen Grill, Brot (Softbrötchen), und Käse. Anstatt also den Wunsch des Kunden mit einem schnöden »Nein« abzuschmettern, sagte das Restaurant »Ja«, und der Kunde bekam das Gewünschte.

Wahrscheinlich wird dieser Kunde jetzt in jedem Fast-Food-Restaurant einen ähnlichen Service erwarten. Traurig ist nur, daß er ständig auf Bedienungen stoßen wird, die glauben, daß sie seinem Wunsch nicht nachkommen dürfen, weil er von der Regel abweicht. Die herbeigerufenen Manager werden sich dann lang und breit darüber auslassen, warum er nicht bekommen kann, was er will, werden angebliche Unternehmensregeln, örtliche Hygienebestimmungen und sonstige gesetzliche Vorschriften zitieren, die die Zubereitung von gegrillten Käsesandwiches angeblich verbieten!

»Rote Regeln« gegenüber »Blauen Regeln«

Regeln sind wichtig, wenn sie für die Sicherheit der Öffentlichkeit sorgen oder auch Erfahrungen widerspiegeln, die bei Nichtbeachtung unweigerlich eintreten. Bei anderen Regeln handelt es sich schlichtweg um verkrustete Gewohnheiten oder Sitten – also um Regeln, die mit der Zeit starr geworden sind und eine Rigidität angenommen haben, die nie beabsichtigt war.

Im amerikanischen Gesundheitswesen arbeiten einige Organisationen mit Regeln, die wir als »rote Regeln« und als »blaue Regeln« bezeichnen: »Rote Regeln« sind Regeln, die nicht mißachtet werden dürfen. Sie sind dazu da, das Leben oder das Wohlergehen des Patienten zu schützen, wie zum Beispiel: »Rauchen verboten, wo hochexplosiver Sauerstoff verwendet wird!« »Blaue Regeln« sind dazu da, für den reibungslosen Ablauf des Krankenhausgeschehens zu sorgen, was den Patienten wie auch dem Personal zustatten kommt, zum Beispiel: »Neue Patienten begeben sich zunächst zur Aufnahme!«

Im Gesundheitswesen beschäftigte Personen müssen wissen, wann eine »blaue« Regel, z. B. »Als erstes werden die Aufnahmepapiere ausgefüllt« mißachtet werden darf oder sogar muß; in der Notaufnahme nämlich, oder wenn eine Schwangere mit Wehen eintrifft, dann können die Formalitäten warten.

Kennen Sie die roten und blauen Regeln in Ihrem Unternehmen? Rote Regeln können durch die Regierung in Form von Gesetzen oder Verordnungen oder von der Direktion Ihres Unternehmens erlassen werden. Blaue Regeln stammen eventuell aus den Gepflogenheiten Ihrer Abteilung, oder es sind Regeln, die die Erfahrung lehrt. Sie müssen wissen, wann was zutrifft, und Sie müssen in der Lage sein, Ihren Kunden diese Regeln zu erläutern, so daß diese wiederum wissen, was der Grund für Ihr jeweiliges Tun ist.

TIP: Liegt eine »rote Regel« vor, so hat sie Vorrang vor den Wünschen des Kunden.

»Es tut mir leid, daß Sie die Sicherheitsgurte in Ihrem Auto unbequem finden. Aber sie sind gesetzlich vorgeschrieben und zu Ihrer eigenen Sicherheit, daher können wir sie nicht einfach herausnehmen. Aber vielleicht können wir sie Ihnen so anpassen, daß Sie sie nicht mehr hinderlich finden.«

Ist eine »blaue Regel« anzuwenden, so finden Sie vielleicht eine Möglichkeit, wie Sie den Buchstaben des Gesetzes etwas flexibler handhaben und trotzdem den Geist des Gesetzes wahren können.

»Wir haben leider kein Münztelefon, und dieses Telefon hier ist eigentlich nur für den internen Gebrauch. Wenn Sie allerdings Ihren Babysitter anrufen wollen, weil Sie ihm mitteilen müssen, daß Sie sich verspäten, kann ich eine Ausnahme machen. Für eine Außenleitung müssen Sie eine 0 vorwählen.«

Regeln verletzen gegenüber Regeln frei auslegen

Sie sollten Ihre Grenzen kennen! Wenn Sie glauben, daß Sie eine Ausnahme machen sollten, sich aber nicht sicher sind, ob Sie das dürfen, dann fragen Sie besser einen erfahrenen Kollegen, Ihren direkten Vorgesetzten oder Ihren Chef.

Ohne offizielle und inoffizielle Regeln würde das Servicegeschäft chaotisch werden – und die Kunden wüßten nie, was sie erwartet. Nur weil Sie persönlich der Ansicht sind, die Welt werde schon nicht untergehen, wenn Sie eine Regel verletzen oder frei auslegen, heißt das noch lange nicht, daß Sie Regeln auf die leichte Schulter nehmen dürfen. Sie sollten also die auf Ihre Arbeit zutreffenden Regeln kennen, ebenso die Gründe für diese Regeln und die Konsequenzen, wenn sie nicht befolgt werden, und dann Ihrem Kunden helfen, daß das System funktioniert.

> Regeln sind dazu da, daß sie einem dienen, und nicht
> dazu, daß sie einen versklaven.
>
> *Richtlinie für Softwareprogrammierer*

Kapitel 26

Schreckliche Kunden ... sind auch Kunden

Es gibt keine »bösen« Kunden; manche sind einfach schwieriger zufriedenzustellen als andere.

Ausspruch eines Menschen, der nie in seinem Leben einen Kunden bedient hat

Es ist ein enormer Unterschied, ob man die Ruhe bewahren muß, während man einen verärgerten und gereizten Kunden bedient, der einen schlechten Tag in einem sogenannten Einkaufsparadies verbracht hat, oder ob man dem brennenden Gefühl ausgeliefert ist, das sich in der Magengrube einstellt, wenn man einem wutschnaubenden, gnadenlosen, einen total in Beschlag nehmenden Kunden gegenübersteht, der das Böse schlechthin zu verkörpern scheint.

Kunden, die den ganzen Tag durch eine Einkaufshölle marschiert sind und nichts als Frust und Ärger erlebt haben, brauchen Ihre Hilfe, Ihre Unterstützung, Ihr Verständnis. Solche Kunden, die *die Bösartigkeit in Person zu sein scheinen*, bedürfen jener speziellen Aufmerksamkeit und Behandlung, die Sie einer Handgranate oder einer gereizten Klapperschlange angedeihen lassen würden.

Sie würden jemandem aus der zweiten Gruppe natürlich niemals ins Gesicht sagen, was Sie bei seinem Anblick denken – »Hilfe, nicht schon wieder einen dieser höllisch-widerwärtigen Kunden!« –, aber es ist völlig normal, wenn man eingesteht, daß solche Kunden zu bedienen die Hölle sein kann.

Ein bösartiger Kunde verfolgt ein einfaches Spiel. Sein Ziel ist es, Sie total zu entnerven, Sie zum Gegenangriff aufzustacheln. Er macht eine bissige Bemerkung, Sie reagieren: Und schon hat er gewonnen! Wenn Sie die Beherrschung nur kurzzeitig verlieren, dann sind Sie bereits verloren. Ihr erster Impuls beim Anblick eines solchen Kunden ist sicherlich, die Flucht zu ergreifen, ihm eine Ohrfeige zu verpassen oder beides gleichzeitig. Aber das geht ja nicht. Also, was dann?

Als erstens sollten Sie irgendeine Perspektive entwickeln. Schreckliche Kunden kommen relativ selten vor, und wenn, dann nur vereinzelt (außer die Firma, bei der Sie arbeiten, strengt sich ganz besonders an, normale und nette Menschen übers Ohr zu hauen oder zu provozieren). Die meisten Ihrer Kunden wollen mit Ihnen auf angenehme und konstruktive Art verkehren. Und selbst die ganz üblen Kunden sind immer noch – Kunden.

Zweitens sollten Sie daran denken, daß Sie ein Profi sind. *Sie* kennen schließlich Ihre Aufgabe und das Unternehmen, für das Sie arbeiten. *Sie* kennen Ihre Produkte und was sie leisten. Und *Sie* wissen, wie man mit Menschen umgeht, auch am Ende eines langen Tages, einer Woche, oder Ende August, wenn die Klimaanlage ausgefallen ist.

Drittens sollten Sie ein Meister im Ruhebewahren sein. Lassen Sie Gereiztheit und Zorn über sich ergehen, ohne mit der Wimper zu zucken. Aufgebrachte Kunden sind praktisch nie gegen Sie persönlich aufgebracht. Sie sind über die Situation verärgert, die ihnen gegen den Strich geht.

Zwei Möglichkeiten, mit bösartigen Kunden umzugehen

1. *Verschließen Sie Augen und Ohren gegenüber allen Signalen von Bösartigkeit.* Wenn Sie anfangen, Kunden als Scheusale und Idioten anzusehen, dann sind Sie bereits auf dem besten Weg, Ihre Kunden genauso schlecht zu behandeln,

wie Sie von ihnen behandelt werden. Schlimmer noch, Sie behandeln damit die Unschuldigen genauso schlecht wie die Schuldigen.

John Scheusal von der Firma XY ist der übelste Mensch, der Ihnen je begegnet ist. Eines Tages beschließen Sie, Gleiches mit Gleichem zu vergelten. Sie sind ihm gegenüber also genauso ausfallend und beleidigend wie er es sonst Ihnen gegenüber ist – und Sie genießen es in vollen Zügen. John S. geht natürlich zur Firma XY und erzählt allen, was für ein mieser Kerl Sie angeblich sind und daß er Sie lediglich um einen kleinen Gefallen gebeten hätte. Bald darauf bemerken Sie, daß andere Leute von der Firma XY Schwierigkeiten machen, sobald Sie etwas mit ihnen zu tun haben. Und dann müssen Sie diesen Leuten natürlich zeigen, daß Sie genauso fies sein können, wie diese es sind. Und dann ... Sie verstehen, worauf wir hinauswollen?

Bösartige Kunden blühen bei Reaktionen Ihrerseits erst richtig auf. Sie benutzen ein einziges Fehlverhalten von Ihrer Seite, um ihr eigenes gemeines Verhalten zu rechtfertigen. Wenn Sie über deren unhöfliche und beleidigende Worte und Handlungen hinwegsehen, signalisieren Sie: »Toben und fluchen Sie, so viel Sie wollen. Ich lasse mich nicht einschüchtern!« Und dieses Signal – wohlgemerkt: nur demonstriert, nicht ausgesprochen – verschafft Ihnen den entscheidenden Vorteil.

> **TIP:** Sparen Sie es sich, einen bösartigen Kunden auf die Zehn Gebote Ihrer Firma zu verweisen. Regeln zu zitieren oder auf Geschäftsgepflogenheiten zu verweisen, um sein Verhalten zu rechtfertigen, gibt dieser Sorte Kunden nur einen Anlaß, erst recht zu zetern und zu toben.

2. *Ziehen Sie deutliche Grenzen.* Es gibt Dinge, die ein Servicemitarbeiter sich *niemals* gefallen lassen muß:

- *Fluchen*: Wenn Sie sich durch eine unflätige Ausdrucksweise verärgert, gekränkt oder schockiert fühlen, dann haben Sie ein Recht, sich zu wehren. Nehmen wir einmal an, daß Carolin Widerwärtig Sie anruft, um Ihnen mitzuteilen, daß Sie mit Ihrer Rechnung nicht einverstanden sei. Dabei vergißt sie sich und fängt an, wie ein Hafenarbeiter zu fluchen. Wenn ihre Sprache Sie daran hindert, das Problem zu lösen, dann sagen Sie es ihr. Höflich, natürlich: »Entschuldigen Sie bitte. Ich kann Ihnen nicht weiterhelfen, wenn Sie weiterhin auf diese Weise mit mir sprechen. Wenn Sie das nicht sein lassen, dann lege ich auf.« Dann legen Sie wirklich auf. Anschließend gehen Sie sofort zu Ihrem Vorgesetzen und erklären ihm, was Sie getan und warum Sie so reagiert haben. Frau Widerwärtig wird ziemlich sicher zurückrufen (in 80 Prozent der Fälle, wie es so schön heißt) und Sie bitten, die Sache gütlich zu bereden. Und damit sollte der Fall erledigt sein.
- *Tätlichkeiten*: Kein Kunde hat das Recht, Ihnen gegenüber tätlich zu werden. Es gibt einen eindeutigen juristischen Fachbegriff dafür, wenn Sie von einem Kunden gewaltsam angefaßt, bedrängt, geschubst, gestoßen oder sonstwie körperlich bedroht werden: Körperverletzung. »So sind halt manche Kunden – Sie meinen es nicht böse« ist keine Entschuldigung.

Sie sind Assistent des Oberkellners im neuesten und schicksten Trendrestaurant der Stadt. Das Lokal ist für den Abend total ausgebucht, da kommt der Brutalo-Clan herein, insgesamt 5 Personen, sie haben aber überhaupt nichts reserviert. Herr Brutalo faßt Sie am Arm, zieht Sie auf die Seite und sagt Ihnen in drohendem Ton, daß Sie ihm und seinen Freunden *augenblicklich* einen Tisch beschaffen sollen, sonst ... Während er redet, lächelt er die ganze Zeit – und quetscht Ihren Oberarm in einer schmerzhaften Art und Weise. Schauen Sie ihm fest und sicher in die Augen, lächeln Sie zurück, und sagen Sie: »Wenn Sie nicht sofort meinen Arm loslassen, rufe ich die Polizei.« Wenn er damit aufhört, bieten Sie ihm an, daß er sich auf die Warteliste setzen lassen kann. Wenn er nicht aufhört, dann rufen Sie mit fester und *lauter* Stimme nach Ihrem Chef. Und der benachrichtigt dann die Polizei.

Welche Taktik ist die beste?

Über die richtige Vorgehensweise muß von Situation zu Situation entschieden werden. Aufmerksames, ruhiges Verhalten und die »Samthandschuhtaktik« ist in den meisten Fällen genau das richtige, um einen bösartigen Kunden ruhig zu stellen. Es gibt jedoch Fälle, wo man eine Trennlinie ziehen muß. Manches Verhalten ist einfach nicht mehr tolerierbar.

> Schauen Sie auf die positiven Ergebnisse – auf das, was Sie aus einer unerfreulichen Begegnung mit einem Kunden lernen können. Es gibt immer etwas, das man für den Umgang mit schwierigen Menschen hinzulernen kann.
>
> *Rebecca Morgan,*
> Morgan Seminare

Fit in Sachen umwerfender Service: zu sich selber gut sein

Bisher haben wir uns vornehmlich auf den Kunden konzentriert. Aber es gibt noch einen anderen wichtigen Mitspieler im Servicespiel: Sie selbst. Ein Serviceprofi mit Köpfchen weiß, daß Selbstmanagement haargenauso wichtig ist wie das Managen des Erlebnisses des Kunden.

Umwerfenden Service zu bieten soll kein Streben nach unerfüllbaren Dingen sein – auch kein selbstauferlegtes Martyrium. Genau wie ein Athlet konstant trainieren oder ein Musiker die Beherrschung seines Instrument stetig vervollkommnen muß, so müssen auch Sie sich selbst und Ihre Leistungen weiterentwickeln, Ihre Fortschritte überwachen, sich selbst antreiben und Ihr eigener Coach sein. Es bedeutet ein Stück harte Arbeit, aber es bedeutet auch, daß Sie die Früchte Ihrer Arbeit ruhigen Gewissens genießen dürfen.

Wie Sie persönlich zu sich und Ihrer Arbeit stehen – ob Sie sie lieben oder ob Sie sich von ihr überrollt fühlen –, wird sich unweigerlich auf die Qualität Ihrer Arbeit niederschlagen. Umwerfender Service sollte *jedem*, der daran beteiligt ist, Befriedigung verschaffen.

Kapitel 27

Die Kunst des Ruhebewahrens

> Streß hat sowohl seelische als auch körperliche Momente, die in enger Verbindung miteinander stehen. Welchen Einfluß nehmen unsere Gedanken, Gefühle und Wahrnehmungen darauf, wie wir stressige Situationen erleben und wie wir körperlich auf sie reagieren?
>
> *Dr. Frances Meritt Stern,*
> Vorsitzende des Behavioral-Awareness-Instituts

Sie sind für niemanden von Nutzen, wenn Sie gestreßt, ausgepumpt, überdreht, verunsichert, schlecht gelaunt oder aggressiv sind und an nichts anderes mehr denken können als an die nächste Kaffeepause. Die emotionalen Anforderungen, welche in modernen Dienstleistungsberufen an Sie gestellt werden, können in der Tat anstrengender sein als Kistenschleppen oder Straßenbau. Sie werden die guten Seiten Ihrer Arbeit niemals genießen können, wenn Sie nicht lernen, wie Sie mit Streß umgehen und ihm entgegenwirken können.

In den Freizeitparks »Disneyland«, »Disney World«, »Knotts Berry Farm« und anderen amerikanischen Themenparks lernen diejenigen Mitarbeiter, die mit Besuchern Kontakt haben, zwischen »vor« und »hinter den Kulissen« zu unterscheiden:

- *Vor den Kulissen* ist überall da, wo ein Besucher (Kunde) Sie sehen oder hören kann.
- *Hinter den Kulissen* ist an allen anderen Stellen der Ein-

richtung, also da, wo Sie außer Seh- und Hörweite der Besucher (Kunden) sind.

Ein Mitarbeiter, der sich gestreßt fühlt, kann einen Vorgesetzen bitten, die Bedienung des Fahrbetriebs oder den Verkaufsstand zu übernehmen, so daß er Zeit hat, sich wieder zu sammeln. Wenn der betreffende Mitarbeiter dann »hinter den Kulissen« ist, kann er seine Emotionen ablassen, sich entspannen, sein »Publikumsgesicht« wieder aufsetzen und an seinen Platz zurückkehren, ohne Angst haben zu müssen, daß er beim nächsten Kunden durchdreht.

Sie, Ihr Vorgesetzter und das Unternehmen, für das Sie tätig sind, sollten an einem Strang ziehen, um Ihr Arbeitsumfeld erträglich zu gestalten. Mit Ihren Reaktionen auf den Kunden müssen Sie hingegen alleine fertigwerden. Wie macht man das? Es gibt unzählige Techniken zur Streßverringerung am Arbeitsplatz – für Schreibtischarbeiter genauso wie für Verkäufer. Suchen Sie sich diejenigen Techniken heraus, die am besten für Sie geeignet sind, und führen Sie sie täglich durch. Für den Anfang geben wir Ihnen zehn solcher Techniken an die Hand:

Zehn Anti-Streß-Techniken

1. *Durchatmen.* Tief durchatmen ist eine der ältesten und besten streßlösenden Techniken. Streß bringt das normale Verhältnis von Sauerstoff und Kohlendioxyd in der Lunge durcheinander. Tiefes Durchatmen stellt das richtige Mischungsverhältnis wieder her und hilft, Panikgedanken im Zaume zu halten. Holen Sie tief Luft – durch die Nase – halten Sie den Atem sieben Sekunden an (nicht länger), lassen Sie dann die Luft langsam durch den Mund wieder ausströmen. Führen Sie dies drei- bis sechsmal durch.

2. *Lächeln.* Sie selbst sorgen für Ihre Laune, und diese kann Sie in Streß versetzen oder Sie entspannen. Lächeln ist ansteckend. Wenn Sie einen Kunden betrübt dreinblicken sehen, dann versuchen Sie doch mal, Blickkontakt zu ihm herzustellen und eines Ihrer besten und schönsten Lächeln aufzusetzen. In neunundneunzig von hundert Fällen werden Sie sofort ein Lächeln zurückbekommen.
3. *Lachen.* Sich seinen Sinn für Humor zu bewahren ist das beste Anti-Streß-Mittel. Die Streßpsychologin Frances Meritt Stern hatte mit einem einfachen Mittel Erfolg bei einem Klienten, der ihr jahrelang Schwierigkeiten bereit hatte. »Dieser Narr macht mich noch wahnsinnig!«, klagte sie öfters. Eines Tages stellte sie sich ihn einfach als Clown vor, mit weißgeschminktem Gesicht, Narrenkappe, und einem breiten Narrengrinsen im Gesicht. Mit diesem Bild vor Augen war sie in der Lage, ihre Streßreaktion im Zaum zu halten und sich darauf zu konzentrieren, ihre Arbeit zu tun.
4. *Es später herauslassen.* Wenn Sie Frust und Zorn gewaltsam unterdrücken, dann können Sie Gift daraufnehmen, daß man es Ihnen anmerkt. Haben Sie also gerade einen Kunden vor sich, der Ihnen ganz besonders auf die Nerven geht, dann sollten Sie sich einen späteren Zeitpunkt setzen, an dem Sie über diesen Kunden nachdenken – und dies dann auch tatsächlich tun. Unterdrückte Anspannung zehrt an den Nerven, wohingegen es sehr konstruktiv sein kann, seine Reaktion auf streßauslösende Erlebnisse auf später zu verschieben. Auf diese Weise haben Sie sich stets unter Kontrolle.
5. *Auf eine einminütige Phantasiereise gehen.* John Rondell, ein Verkaufsberater, berichtet von folgender Methode: er stellt sich vor, wie er an einem wunderschönen weißen Sandstrand in der Karibik zum Schnorcheln geht. Er hat an dieser Phantasiereise so lange gearbeitet, bis er tatsächlich das Gefühl hat, sie zu erleben, und er verliert darüber

TIP: Um einen noch größeren Nutzen aus dieser Technik zu ziehen, führt die Vertreterin Amy Gruber Tagebuch über Kunden und Erlebnisse, die bei ihr Streß auslösen. Jeder weitere Eintrag in ihr Buch ist ihr eine Hilfe, ruhiger und gelassener zu werden, und über die Jahre hinweg ist das Buch zu einem Ratgeber geworden, wie man Streßsituationen bewältigen kann.

jegliches Gefühl für Zeit und Ort, obwohl seine Traumreisen nur ein oder zwei Minuten dauern. Er begibt sich immer dann an seinen Lieblingsort, wenn er einen kräftezehrenden Kundenbesuch hinter sich hat oder bevor er mit einem streßauslösenden Kunden sprechen muß.

6. *Sich entspannen.* Wer innere Anspannung unterdrückt, neigt dazu, sich zu verkrampfen. Statt dessen sollten Sie es einmal mit isometrischen Übungen ersuchen: spannen und entspannen Sie bestimmte Muskeln oder Muskelgruppen. Machen Sie eine Faust, dann öffnen Sie sie wieder. Spannen Sie Ihre Bauchmuskeln an, und lassen Sie sie wieder locker. Drücken Sie die Handinnenseiten fest gegeneinander, dann lockern Sie Ihre Armmuskeln wieder. Manche Menschen beherrschen diese Übungen derart gut, daß sie sie in Gegenwart des Kunden ausführen können.
7. *Machen Sie Schreibtisch-Aerobic.* Bewegung ist für Leute, die sich Streß nicht ausliefern wollen, lebenswichtig. Versuchen Sie einmal folgende zwei Schreibtischübungen:

- Sie sitzen an Ihrem Schreibtisch. Heben Sie die Füße hoch, bis sich Ihre Beine fast parallel zum Boden befinden. Verharren Sie einen Moment in dieser Stellung, dann senken Sie die Beine wieder. Führen Sie diese Übung fünfmal durch.
- Lassen Sie den Kopf vorwärts und seitwärts kreisen (neigen Sie ihn aber nicht nach hinten, weil dies eher anspannt als entspannt). Lassen Sie die Schultern kreisen, heben Sie darauf die Schultern an und lassen sie wieder fallen. Dies

ist besonders wohltuend, wenn man längere Zeit gestanden oder gesessen hat.

8. *Organisation.* Organisation verschafft Ihnen ein Gefühl von Überblick. Damit verringern Sie Ihr Streßlevel. »Wenn ich am Telefon warten muß, schaffe ich schnell Ordnung auf meinem Schreibtisch«, so Eric Johnson, der in einer telefonischen Bestellannahme arbeitet. »Bevor ich heimgehe, vergewissere ich mich, daß alles an seinem Platz liegt und daß ich mir alles notiert habe, was ich am nächsten Tag erledigen will.«
9. *Positiv sprechen.* Verschaffen Sie Ihrem Ärger und Ihrem Frust auf positive Weise Luft. Sich mit Kollegen über Kundenerlebnisse auszutauschen, ist eine gute Methode, wie Sie einer Situation die komische Seite abgewinnen und Ideen entwickeln können, wie Sie in Zukunft mit solchen Situationen fertigwerden. Konstantes negatives Reden jedoch, das nur Altbekanntes aufwärmt, wirkt streßverstärkend anstatt streßabbauend.
10. Legen Sie Gesundheitspausen ein. Machen Sie Ihre normalen Pausen zu Streßabbaupausen. Wie wäre es mit einem Spaziergang an der frischen Luft? Lesen Sie ein Kapitel in Ihrem Lieblingsbuch oder sitzen Sie einfach nur einige Minuten mit geschlossenen Augen da. Ersetzen Sie Kaffee und Süßigkeiten durch Fruchtsäfte und gesunde Kost.

Kurzum: Sie können andere nur so gut bedienen, wie Sie sich selbst fühlen. Also müssen Sie gut zu sich selbst sein. Und das können nur Sie allein.

Ist Ihr Kunde sehr unsicher, müssen Sie Ihr Bestes geben. Sie müssen äußerst kompetent wirken, sehr überzeugend sprechen, viel Ruhe ausstrahlen, und Sie müssen sich voll im Griff haben.

Chip R. Bell

Kapitel 28

Stets professionell bleiben

Kunden sind unsere besten Freunde.

Schild an der Wand eines Unternehmens

Heutzutage gilt es als schick, wenn hochrangige Führungskräfte und andere Personen in leitenden Stellungen verkünden: »Kunden sind unsere besten Freunde.« Profis mit umwerfenden Servicefähigkeiten aber wissen, daß trotz des ganzen Wirbels um den persönlichen Touch im Service ein entscheidender Unterschied zwischen »Freundlichsein« und »Freundschaft« besteht.

- *Freundliche Umgangsformen* sind eine klare und verständliche Vorgabe für jedwede Art von Geschäft. Kunden höflich und zuvorkommend zu bedienen, ahmt die Interaktionsformen nach, die wir Freunden gegenüber an den Tag legen.
- *Freundschaft* hingegen ist eine Beziehung, die außerhalb unseres Arbeitsbereichs beginnt, sich dort fortsetzt, und ein persönliches Engagement erfordert, das weit über die Grenzen der normalen Kunden/Dienstleistungserbringer-Interaktion hinausgeht.

Heißt dies, daß Kunden niemals unsere Freunde sein können, oder daß Freunde auch nie Kunden sein dürfen? Natürlich nicht. Wir hoffen alle, daß unsere Freunde uns als Ihre Geschäftspartner wählen, und es ist nicht ungewöhnlich, daß sich aus Geschäftsbeziehungen Freundschaften ergeben –

und bezeichnenderweise fühlen wir uns in einem solchen Falle auch ziemlich geschmeichelt.

Wenn man den Briefen an die Ratgeberspalten der Zeitschriften Glauben schenken darf, dann sieht es fast so aus, als ob ein nicht unbeträchtlicher Teil an romantischen Beziehungen sich aus geschäftlichen Beziehungen zwischen Servicemenschen und ihren Kunden ergibt. Aber das ist eigentlich nur Folge einer engen Beziehung, die sich über die Arbeit hinaus fortsetzt.

Sich dem Geschäft widmen

An Ihrem Arbeitsplatz sind Kunden zunächst – und vor allem – Kunden: Sie kommen nicht wegen des netten Gesprächs zu Ihnen, oder weil Sie mit jemandem zusammen sein wollen, sondern weil sie versuchen, sich ihre Wünsche durch das Geschäft zu erfüllen, das Sie mit ihnen tätigen. Der Kunde braucht zwar Ihre Hilfe, aber in Ihrer Eigenschaft als Serviceprofi, sei es, um etwas bei Ihnen einzukaufen, um sich einen neuen Haarschnitt verpassen oder um sich 500 Kilo eines Industrieklebers liefern zu lassen. Er ist nicht auf der Suche nach einem neuen Freund.

> **Tip:** Sie sind dann für den Kunden am hilfreichsten, wenn Sie professionell bleiben, aber mit persönlichem Touch. Das heißt, daß Sie Ihre persönlichen Freundschaften außerhalb Ihres Arbeitsplatzes nicht mit den freundlich-professionellen Transaktionen, die am Arbeitsplatz stattfinden, verwechseln dürfen.

Anzumerken ist außerdem noch, daß Freundschaften einige Kratzer abbekommen können, wenn Geschäftliches in die Quere kommt. Fühlen sich Ihre Freunde Ihrer Freundschaft sicher genug, um Ihr Mißfallen zu riskieren, wenn Ihre freundlich-geschäftlichen Dienstleistungen sie nicht zufriedenstellen? Selbst langjährigen Freunden ist es vielleicht unangenehm, in einer geschäftlichen Beziehung mit Ihnen ein offenes Wort zu riskieren, einer Beziehung, die eben mehr eine Freundschaft ist als eine professionelle Partnerschaft. Ihre Freunde halten vielleicht mit einem treffenden Feedback hinterm Berg oder verkneifen sich Beschwerden, ja tätigen vielleicht sogar ihre Geschäfte lieber anderswo, als Ihre Gefühle damit zu verletzen, daß sie Ihnen ihre Unzufriedenheit mitteilen.

Eindrücke spielen ebenfalls eine Rolle, sowohl bei Kunden, die Sie nicht kennen, als auch bei Vorgesetzten und Kollegen, die wissen, wie Sie sind.

- Ein Kunde, der darauf wartet, von Ihnen bedient zu werden, kann durch einen Plausch oder andere Unterhaltungen mit Kunden, die vor ihnen dran sind, unangehm berührt sein. Selbst wenn ein solcher Kunde vielleicht nicht länger als normal warten muß, wird er die Wartezeit als länger empfinden. Ihn beschleicht nämlich das Gefühl, daß Sie sich viel schneller um ihn kümmern könnten, wenn Sie Ihr Wortgeplänkel, das ihm belanglos erscheint, einstellen würden.
- Kollegen und Vorgesetzte können ähnlich reagieren. Sie könnten vermuten, daß Sie manche Kunden anders oder bevorzugt behandeln. Das gilt besonders dann, wenn noch weitere Personen in der Nähe sind, die Ihr Verhalten mitbekommen.

Denken Sie daran, daß ein »Augenblick der Wahrheit« für Sie und Ihr Geschäft jedesmal dann eintritt, wenn Ihr Kunde eine Gelegenheit hat, Ihr Tun zu beobachten und ein Urteil bezüglich der dabei offenbarten Qualität fällen kann. Die beste Faustregel lautet, sein Geschäftsgebaren stets professionell zu halten.

Der Unterschied liegt in der persönlichen Beteiligung

Der Unterschied zwischen Freundlichkeit und Freundschaft hat vieles gemein mit dem Unterschied zwischen Einfühlung und Mitgefühl. Wenn Ihre Freunde Kummer oder Freude empfinden, dann werden Sie diese Gefühle mit ihnen teilen. In diesem Fall haben Sie Mitgefühl, das heißt Sie fühlen und empfinden mit Ihren Freunden, weil dies zur Freundschaft dazugehört. Wenn Freunde in Schwierigkeiten sind, dann geben Sie ihnen vielleicht sogar einen freundschaftlichen Rat. Aber Sie würden wahrscheinlich niemals irgendwelche Angelegenheiten Ihrer Freunde komplett in die Hand nehmen.

Wenn Kunden erregt oder zornig sind, dann erwarten sie ebenfalls, daß Sie sich um sie kümmern. Aber sie erwarten auch, daß Sie etwas für sie tun, das mit einer persönlichen Beziehung rein gar nichts zu tun hat: daß Sie nämlich die Angelegenheit regeln, wegen der sie zu Ihnen gekommen sind, und zwar so, daß Sie persönlich nicht mit hineingezogen werden.

Einfühlung zu beweisen, als Teil freundlicher Professionalität, ist die einfachste Methode, um persönliches Verhalten und professionelles Verhalten auseinanderzuhalten.

»Wer bin ich?« gegenüber »Was ist mein Beruf?«

Es gibt eine weitere persönliche Beziehung, welche Serviceprofis im Bestreben, ihre Aufgabe gut zu erledigen, häufig übersehen: ihre Beziehung zu den Menschen, die ihnen nahestehen – dem Lebenspartner oder der Familie. Im Laufe eines Geschäftstages stürmen viele Erlebnisse auf Sie ein, und Sie begegnen sehr vielen Menschen – also haben Sie mehr als reichlich Antworten auf die unschuldige Frage: »Und wie war dein Tag heute, Schatz?« Ihre Familie gewinnt durch Ihre Geschichten möglicherweise interessante Einblicke in Ihre Arbeit und kann vielleicht auch besser nachvollziehen, warum Ihnen Ihre Arbeit so am Herzen liegt, aber es unfair, sie mit beruflichen Sorgen zu überhäufen, genauso wie es unprofessionell ist, in die Intimsphäre seiner Kunden einzudringen.

TIP: Ziehen Sie eine klare Linie zwischen Ihrem Privat- und Ihrem Berufsleben – der, der Sie sind, geht am Ende des Tages mit Ihnen nach Hause; das, was Sie beruflich tun, bleibt am Arbeitsplatz.

Wenn es dunkel wird, gehe ich nach Hause.

Der Schriftsteller Ray Bradbury in einem Interview auf die Frage, warum es in seinem Büro keine Beleuchtung gebe

Kapitel 29

Feiern Sie mal wieder

Gönn dir mal 'ne Pause!

Slogan von McDonald's

Es stimmt. Sie haben heute eine Pause verdient – und an allen anderen Tagen ebenso! Es ist wichtig, daß Sie sich Zeit dafür nehmen, Erfolge zu feiern. Seien Sie gut zu sich selbst, wenn Sie hervorragende Arbeit geleistet haben. Niemand anders kann Ihre perfekt ausgeführte Arbeit besser feiern als Sie, weil niemand anders weiß, wie gut Sie tatsächlich waren.

Wenn Sie schon einmal eine Stunde lang oder auch mehr über dumme Kunden und ungelöste Probleme gejammert haben (wer hätte das noch nicht getan?), dann sollten Sie es sich zur Regel machen, ebensoviel Zeit (besser sogar noch mehr Zeit) darauf zu verwenden, die Früchte Ihrer Arbeit zu genießen. Ab und zu sollten Sie mit Ihren Kollegen ausgehen und miteinander feiern, daß Sie Ihre tägliche Arbeit durchstehen und daß Sie sich sogar wohl dabei fühlen. Ist dies angeberisches Eigenlob? Sicher. Aber es gibt keinen Grund, seine Fähigkeiten und seine Errungenschaften herunterzuspielen. Wenn Sie Ihren eigenen Erfolg anerkennen, verschaffen Sie sich nicht nur eine Motivationsstütze für heute, sondern werden auch morgen gewiß wieder an Ihren Arbeitsplatz zurückkehren, um noch mehr Erfolg einzuheimsen.

Feiern lernen

Manche Menschen haben überhaupt keine Schwierigkeiten, sich selbst oder den Menschen in ihrem Umkreis für gut getane Arbeit auf die Schulter zu klopfen. Leider fällt den meisten von uns das Feiern der eigenen Person eher schwer. Es ist uns peinlich, wenn andere eine Lobeshymne auf uns anstimmen, ja wir denken nicht einmal im Traum daran, selbst ein paar Zeilen zum Lob unsrer eigenen Person beizusteuern. Diese Einstellung können und sollten sich Profis in Sachen umwerfender Service schleunigst abgewöhnen. Gestatten Sie sich ruhig, umwerfend gut zu sein. Ganz recht: Sie müssen es sich ganz bewußt hin und wieder erlauben, sich in Ihren Erfolgen zu sonnen. Wenn Sie erst einmal damit angefangen haben, garantieren wir Ihnen, daß Sie diese Angewohnheit nicht mehr missen möchten.

Sie glauben immer noch, daß es Ihnen schwerfallen wird, sich an diese Sache mit dem positiven Feedback zu gewöhnen? Dann fangen Sie doch einfach an, indem Sie es an jemand anderem ausprobieren. Danken Sie einem Kollegen dafür, daß er Ihnen geholfen hat. Nehmen Sie sich vor, Ihren Vorgesetzten von irgendetwas, was Sie gut an einem Kollegen finden, in Kenntnis zu setzen. Geben Sie einen Tip oder einen Kniff weiter, den Sie von jemand anders gelernt haben – und sagen Sie deutlich, wer Ihnen das beigebracht hat.

Beachten Sie bitte, daß die obigen Beispiele etwas gemeinsam haben: Der Schwerpunkt liegt jeweils auf einer Handlung oder einer vollbrachten Leistung, dann erst auf der Person oder der Gruppe von Einzelpersonen, die die Handlung oder Leistung vollbracht hat. In anderen Worten, Sie überschütten niemand mit Lob, nur weil er ein so netter Mensch ist. Sie zollen eher dem Respekt, was andere geleistet haben und warum diese Leistung gut war. Fangen Sie nun also an, das gleiche für Ihre eigene Person zu tun.

Fünf Möglichkeiten, wie man feiern kann

Die Möglichkeiten, seine Serviceerfolge anzuerkennen und Freude aus ihnen zu ziehen, sind unbegrenzt. Wir werden Ihnen umgehend unsere fünf Lieblingsmöglichkeiten vorstellen, damit Sie gleich anfangen können. Gutes Feiern unterliegt einem Grundsatz: Man baut niemanden auf, indem man einen anderen herabsetzt. Feiern Sie niemals jemandes Serviceleistungen, indem Sie die Leistungen eines anderen heruntermachen.

Kennen Sie *Yertle the Turtle* von Dr. Seuss? Yertle, das Schildkrötenmännchen, wollte aller Welt zeigen, daß er mehr galt als andere Schildkröten. Er klettere auf die Rücken seiner Schildkrötenfreunde und richtete sich hoch auf. Dies ging eine Weile gut, aber irgendwann ereilte den guten Yertle das gleiche Schicksal, das alle ereilt, die sich über andere erheben, indem sie sie hinunterdrücken: Er stürzte kopfüber in den Sumpf. Stolz auf die eigenen Serviceverdienste zu sein heißt, persönliche Siege zu feiern, aber es heißt auch, die Verdienste seiner Kollegen gleichermaßen zu würdigen und zu feiern. Probieren Sie es einmal mit folgenden fünf Vorschlägen:

1. *Führen Sie sich selbst zum Essen aus!* Gönnen Sie sich ein besonderes Essen oder auch ein Frühstück in einem Restaurant. Nehmen Sie einen Freund oder Kollegen (oder mehrere) mit und – dies ist das Wichtige daran –, sorgen Sie dafür, daß die anderen genau wissen, was Sie feiern und was der Anlaß ist.
2. *Führen Sie einen Kollegen zu Essen aus!* Dies funktioniert im Prinzip genauso wie oben, nur feiern Sie diesmal eine gelungene Leistung, die Sie beide beflügelt oder die Ihnen besondere Befriedigung oder zusätzliche Motivation an Ihrer Arbeit verschafft hat. Wenn man gleich mehrere Kollegen daran teilhaben läßt, verstärkt das den Teamzusammenhalt und die Kameradschaft, die das Besondere ausmacht, einem guten Serviceunternehmen anzugehören.
3. *Kaufen Sie Luftballons oder Blumen oder irgendetwas Fröhliches.* Ein Luftballon oder frische Blumen auf Ihrem Schreibtisch symbolisieren eine besondere Serviceleistung aus der jüngsten Vergangenheit. Gleichzeitig erstrahlt Ihr Arbeitsplatz in freundlichem Glanz und zeigt anderen, daß Sie aus irgendeinem Grund gerade besonders glücklich sind. Wenn man Sie wegen der Blumen anspricht, haben Sie nun die Möglichkeit, den Grund Ihrer guten Laune zu erklären, was Sie noch froher stimmen dürfte.

TIP: Überlegen Sie, ob Sie Ihre improvisierte Belobigung stehenden Fußes weiterreichen können: Erfreuen Sie sich einen Tag an ihr auf Ihrem Schreibtisch, dann geben Sie sie an einen Kollegen weiter, der gerade einen höllisch-schwierigen Kunden elegant und bravourös bedient hat.

4. *Legen Sie eine »Prahle-Liste« an.* Wenn man viel Zeit dafür aufwendet, an den Fähigkeiten zu arbeiten, die man an sich verbessern will, dann vergißt man leicht, die Stärken zu feiern, die man bereits hat. Legen Sie eine Liste Ihrer besten Eigenschaften und größten Serviceerfolge an. Hal-

ten Sie diese Liste up to date. Schreiben Sie Ihre größten vier Stärken auf, die Sie in Ihre Arbeit einbringen, und deponieren Sie diese Liste an Ihrem Arbeitsplatz.

TIP: Wenn es einmal nicht so läuft, wie es soll, und Sie deswegen deprimiert sind, dann holen Sie Ihre »Prahle-Liste« hervor. Sie wird Ihnen helfen, die Dinge wieder in der richtigen Perspektive zu sehen.

5. *Sagen Sie sich selbst »Prima gemacht!«!* Sie finden, es sei merkwürdig, mit sich selber zu reden? Ist es aber nicht. (Mit sich selbst streiten dagegen ist etwas suspekt.) Gute Neuigkeiten werden noch besser, wenn man darüber redet. Wenn Sie es noch nicht fertigbringen, ihre guten Neuigkeiten lauthals zu verkünden, dann sagen Sie sich wenigstens selber mit Nachdruck und Gefühl, daß Sie gute Arbeit geleistet haben.

TIP: Seien Sie genau. Formulieren Sie exakt, was Sie gut zustandegebracht haben, bei welcher Sache Sie noch besser waren als jemals zuvor. Dann sagen Sie einem Kollegen: »Weißt du, ich habe gerade einen wirklich schwierigen Anruf erledigt und habe es geschafft, daß der Kunde sich jetzt rundherum gut fühlt!«. Oder sagen Sie folgendes: »Ich habe dich beobachtet, als du mit der Kundin verhandelt hast. Sie hat ein paar ganz schön schwierige Fragen gehabt, aber du hast allesamt bravourös beantwortet und es geschafft, daß sie glücklich und zufrieden nach Hause geht. Prima gemacht!«

Was belohnt wird, wird auch erneut geleistet werden.

Arbeitsanreiz- und Anerkennungsgrundsatz

Kapitel 30

Entwickeln Sie ein Markenzeichen

Kundenservice heißt nicht, den Kunden zufriedenzustellen. Es geht darum, ihn total zu verblüffen.

Chip R. Bell

Ist Ihnen schon einmal aufgefallen, daß es einige Serviceunternehmen gibt, mit denen Geschäfte tätigen richtig Spaß macht? Wenn Sie einmal darüber nachdenken, warum das so ist, dann werden Sie feststellen, daß es fast immer auf die dort beschäftigten Leute zurückzuführen ist: Manche Leute scheuen eben keine Anstrengung, um sich eindrucksvoll in der Erinnerung Ihrer Kunden zu verankern.

Diese Leute haben für Sie also eine ganz besondere Identität gewonnen. Sie haben durch die Art und Weise, wie sie ihren Service stellen, ein Markenzeichen geschaffen. Sie haben einen Service zelebriert, der sich von den durchschnittlichen, alltäglichen, langweiligen Nullachtfünfzehn-Anbietern abhebt und der den Kunden förmlich vom Hocker haut. Umwerfender Service wird von Menschen erbracht, die genau wie Sie selber mit Charakter an eine Sache herangehen – und die auf diese Weise in den Augen ihrer Kunden etwas Charakteristisches sowie Unverwechselbares bekommen.

Wie Sie Ihr eigenes Markenzeichen entwickeln

Denken Sie kurz über die Menschen nach, von denen Sie gut

bedient wurden. Fragen Sie Ihre Kollegen nach den Serviceleuten, an die sie sich am besten erinnern können oder die sie am meisten bewundern. Was sticht ihnen an solchen Leuten besonders ins Auge? Was unterscheidet sie von anderen?

Denken Sie nun an Ihren eigenen Service. Was macht andere froh und dankbar darüber, daß sie gerade mit Ihnen zu tun hatten? Wie würde Ihr Kunde Sie fünf Minuten nach einer Transaktion beschreiben, wenn er gefragt würde? Welchen Eindruck hinterlassen Sie bei Ihrem Kunden? Würde Ihr Kunde Sie zwischen anderen Menschen wiedererkennen?

Versuchen Sie mit Hilfe dieser dreistufigen Methode, Ihr eigenes Markenzeichen zu erkennen:

1. *Suchen Sie sich drei Personen aus.* Schreiben Sie die Namen der drei besten Serviceleute auf, mit denen Sie irgendwann einmal zusammengearbeitet haben (oder deren Service Sie in Anspruch genommen haben).
2. *Notieren Sie fünf Dinge.* Nun vermerken Sie neben den drei Namen der gewählten Servicepersonen fünf markante Vorgehensweisen oder Gewohnheiten, welche diese drei zu solch hervorragenden Serviceleuten machen.
3. *Gehen Sie fünfzehn Kriterien durch.* Sie haben nun aus den gewählten drei Namen und fünf Merkmalen maximal fünfzehn verschiedene mögliche Markenzeichen herausgeholt. Haben Sie tatsächlich fünfzehn verschiedene? Wenn Sie Ihre Liste durchsehen, werden Sie vielleicht auf ein paar gemeinsame oder ähnliche Merkmale stoßen.Es werden sich aber auch einmalige, einzigartige und höchst und individuelle Züge finden. Nun können Sie ein einzelnes Merkmal oder auch alle gemeinsam zum Ausgangspunkt für die Suche nach Ihrem persönlichen Markenzeichen machen.

Es gibt viele Möglichkeiten, ein eigenes Markenzeichen zu entwickeln. Dasjenige, das Sie wählen, sollte drei Dinge widerspiegeln: Ihre eigene Persönlichkeit, die Wünsche und Bedürfnisse Ihrer Kunden, und die Natur des Service, den Sie erbringen. Als Starthilfe nennen wir Ihnen fünf Markenzeichen-Grundkriterien.

Fünf Wege, wie man ein Markenzeichen seines Service entwickelt

1. *Seien Sie zuverlässig.* Ein hervorragendes Markenzeichen ist es, das zu erfüllen, was man versprochen hat, und zwar jedes Mal. Zuverlässigkeit ist grundlegend für Vertrauen, welches wiederum die Basis für dauerhafte Beziehungen ist. Können Sie das Vertrauen Ihrer Kunden gewinnen? Wenn ja, dann werden Ihre Kunden immer wieder zu Ihnen kommen.
2. *Nennen Sie Ihre Kunden beim Namen.* Jeder hört seinen Namen gern. Und das mehr als einmal. Vergewissern Sie sich, daß Sie den Kunden mit dem Namen anreden, den er gern hört. Frau Dr. Schmidt mag es vielleicht nicht, wenn man ihren Doktortitel wegläßt, während der junge Herr Maier vielleicht lieber mit »Charly« angeredet werden will. Wenn Sie sich nicht sicher sind, dann sollten Sie stets mit der etwas förmlicheren Anrede beginnen. Oder fragen Sie Ihre Kunden, was ihnen lieber ist.

TIP: Versuchen Sie, den Namen eines Kunden wenigstens zweimal während einer Servicetranskation zu benutzen. Besonders eindrucksvoll ist es, wenn Sie seinen Namen in ein »Dankeschön« einbauen: »Dankeschön, Herr Weber. Schauen Sie doch bald mal wieder bei uns vorbei.«

3. *Schreiben Sie den Namen des Kunden (und des Unterneh-*

mens) richtig. Wer Namen richtig buchstabiert, beweist sowohl Höflichkeit als auch professionelle Aufmerksamkeit. Wir kennen einen ehemaligen Präsidenten einer Bank, der Rechnungen stets an die »XYZ Bank« zurücksandte, anstatt korrekt »XYZ Handelsbank« zu schreiben. Der Unterschied erscheint Ihnen vielleicht geringfügig, für den Kunden kann er jedoch sehr wichtig sein.

Tip: Seien Sie besonders vorsichtig bei Namen, die simpel klingen, aber trickreich buchstabiert werden. Bitten Sie Ihren Kunden um seine Mithilfe: »Danke, Frau Maier. Sagen Sie mir doch bitte, ob ich Ihren Namen richtig buchstabiert haben. Maier mit ›ei‹ oder ›ai‹?« »Schreiben Sie Günter mit ›th‹ oder nur mit ›t‹?«

4. *Erkennen Sie Ihre Stammkunden wieder.* Wenn Sie ein außergewöhnlich gutes Gedächtnis haben, dann können Sie sich vielleicht an den Namen eines Kunden und an die Details der vergangenen Servicebegegnung erinnern. Die meisten Leute aber haben kein so gutes Gedächtnis. Glücklicherweise gibt es andere Möglichkeiten, sich seine Kunden zu merken.
   Eine Möglichkeit, seinem Gedächtnis nachzuhelfen, ist es, Buch über die einzelnen Kunden zu führen. Es hängt von Ihrem Arbeitsstil ab, ob Sie Ihre Notizen im Computer speichern, eine Karteikarte oder eine Akte anlegen, oder in einem Rolodex™ speichern. Welche Methode auch immer die beste für Sie ist, nutzen sie sie, um die Präferenzen des Kunden und kleine persönliche Dinge zu notieren, die Ihnen sinnvoll erscheinen: »Frau Schmidt-Büssing möchte gerne mit ihrem vollständigen Doppelnamen angeredet werden« oder »Ist im Vorstand des örtlichen Fußballvereins« oder »Benötigt die Ware immer zwei Tage nach Bestellung«. Notieren Sie auch Ihre Erfahrungen mit dem Kunden, etwa Probleme, Fragen oder Komplimente.

Tip: Sie können Ihre Notizen vor und während eines Termins heranziehen, wenn Sie Ihr Gedächtnis bezüglich Details auffrischen wollen. (Sie sollten nicht blind drauflosraten.) Hinterher sollten Sie so bald als möglich Ihre Notizen für das kommende Mal auf den neuesten Stand bringen.

5. *Produktkenntnisse – und noch mehr.* Es ist nicht immer ganz einfach, mit den eigenen Produkten, Modellen und Servicearten stets auf dem neuesten Kenntnisstand zu sein, von den Leistungen der Konkurrenz ganz zu schweigen. Der Kunde erwartet von Ihnen aber, daß Sie mehr wissen als er. Sie können sich von anderen Serviceleuten dadurch abheben, daß Sie alle Fragen, die Sie nicht beantworten können, auf der Stelle in Gelegenheiten verwandeln, etwas dazuzulernen. Sollten Sie einmal auf eine Frage keine Antwort wissen, dann sollten Sie wissen, wie Sie sich die fehlende Information beschaffen können.
   In Wahrheit erwartet kaum ein Kunde, daß Sie alles wissen, obwohl es manchmal so den Anschein hat. Tatsache ist, daß es vertrauensaufbauend wirkt, wenn Sie zugeben, daß Sie etwas nicht wissen, aber versprechen, es herauszufinden, und Ihr Versprechen auch halten.

> Jede Arbeit ist ein Selbstportrait der Person, die sie ausführt. Geben Sie Ihrer Arbeit durch eine hervorragende Leistung Ihre persönliche Handschrift.
>
> *Aufschrift eines Posters in einer Autowerkstatt*

Kapitel 31

Das Kompetenzprinzip: Stets etwas dazulernen

Man ist immer im Dienst; man muß sich an alles erinnern, was man gesehen hat.

Holly Stiel,
Concierge, Hyatt San Francisco

Sie haben sie alle schon einmal gesehen. Vielleicht haben Sie sogar einmal eines getragen. Sie wissen schon, diese kleinen Schildchen, auf denen das Wort »Trainee« oder ähnliches steht. Die Hinweise, die aller Welt mitteilen: »Bitte Geduld mit mir haben, ich befinde mich noch in der Ausbildung.«

Man stellt sich Menschen in der Ausbildung häufig als lerneifrige und wißbegierige junge Leute vor – und als Menschen, die den Augenblick kaum erwarten können, an dem sie ihr Lehrlingsschildchen endlich abnehmen können, weil sie dann endlich alles wissen. Jedenfalls wird es ihnen offiziell bestätigt. Umwerfenden Service zu leisten heißt jedoch, seine Lernhaltung nie aufzugeben. Wissenserweiterung hört nicht dann auf, wenn man das Lehrlingsschildchen abgeben darf. Tatsächlich beginnt sie erst da. Genau wie Profiathleten befinden sich gute Serviceleute ständig im Training, immer auf der Suche nach Möglichkeiten, wie sie ihre Leistungen verbessern können, immer dabei, ihrem Servicekönnen noch mehr Schliff zu verleihen.

Was müssen Sie also wissen? Stellen Sie sich das lebenslängliche Lernen für den Kundenservice wie eine Reihe von Trainingseinheiten vor. Genauso wie bei jeder Form des wirkungsvollem Cross-Trainings sollte Ihr Fitneß-Programm mehrere verwandte Gebiete abdecken. Es gibt vier grundlegende Dinge: technische Fertigkeiten, Fertigkeiten im zwischenmenschlichen Bereich, Kenntnisse über Produkte und Serviceleistungen, und Wissen über den Kunden. Sie alle spielen für Ihren Erfolg eine entscheidende Rolle.

Fertigkeiten im technischen Bereich

- Wissen Sie, wie das Arbeitsgerät in Ihrem Büro funktioniert: das Telefon (lachen Sie nicht – die heutigen Telefonsysteme würden Alexander Graham Bell ganz schön ins Schleudern bringen), den Kopierer, das Faxgerät, die Kasse?
- Verstehen Sie den Zweck der Formulare, mit denen Sie arbeiten, und wissen Sie, wie man die Formulare und Papiere ausfüllt, die Ihr Unternehmen von Ihnen und von Ihren Kunden haben will?
- Können Sie die Computer der Firma, bei der Sie angestellt sind, für Ihre Kunden nutzen?

Fertigkeiten im zwischenmenschlichen Bereich

- Wie steht es mit Ihren Fertigkeiten im Umgang mit anderen Menschen? Bitten Sie einen Vorgesetzten, Ihnen während eines Gesprächs mit einem Kunden zuzuhören oder Sie zu beobachten, und holen Sie Tips und Verbesserungsvorschläge ein.
- Bitten Sie einen engen Freund, Ihr Verhalten im persönlichen Kontakt mit anderen ehrlich zu beurteilen.
- Könnten Sie voraussagen, wie ein beliebiger Stammkunde auf eine bestimmte Situation reagieren würde? Reden Sie mit Ihren Kollegen über solche Dinge?

Kenntnisse über Produkte und Serviceleistungen

- Kennen Sie sich in der eigenen Produkt- oder Dienstleistungspalette aus? Wissen Sie um das Angebot der Konkurrenz? Der Kunde erwartet, daß Sie über die Produkte und Dienstleistungen, die sie verkaufen, besser Bescheid wissen als er selbst. Er erwartet außerdem, daß Sie zu den Produkten und Dienstleistungen der Konkurrenz Stellung nehmen und ihm helfen können, die Vorzüge Ihrer Produkte und Leistungen dagegenzuhalten und sich ein Urteil darüber zu bilden.
- Haben Sie Lücken in Ihren Kenntnissen? Wissen Sie alles über Kameras, oder kennen Sie sich nur bei den Autofokusmodellen aus, die Sie verkaufen und für die Sie den Service stellen?
- Sind Ihnen die Fragen bekannt, die die Kunden am häufigsten zu Ihren Produkten und Dienstleistungen stellen, und wissen Sie, wie Sie sie beantworten sollen?

Wissen über den Kunden

- Was will Ihr Kunde heute, was braucht er, was erwartet er? Über seine Kunden kann man niemals genug Informationen haben. Stellen Sie Fragen, und zeigen Sie echtes Interesse.
- Was könnte der Kunde beim nächsten Mal von Ihnen wollen? Versuchen Sie beständig zu ermitteln, was die Kunden zukünftig erwarten werden. Und denken Sie daran, daß auch der Kunde sich ändert – auch er lernt hinzu. Gehen Sie niemals davon aus, daß es stets »business as usual« sein wird.
- Haben Sie eine Akte mit wichtigen Notizen über Ihre fünf besten Kunden angelegt (wobei Sie selber festlegen, wer Ihre besten Kunden sind)?

Lernen erfordert System

Führen Sie Tagebuch über Ihr Lernpensum – ein Notizbuch oder ähnliches, was Sie immer bei sich führen und in das Sie sich sowohl Fragen als auch Antworten notieren. Es wird Sie bei Definition Ihrer Lernziele unterstützen und Ihre Leistungen verbessern. Bringen Sie eine gewissen Systematik in Ihre Bemühungen: Sie können nicht alles auf einmal lernen, also sparen Sie sich zwecklose Versuche. Konzentrieren Sie sich lieber nur auf einen Lernbereich zu einer Zeit.

Sie können zum Beispiel Ihre erste Lernwoche zur »Woche der technischen Fertigkeiten« machen, die zweite zur »Woche der zwischenmenschlichen Fertigkeiten« und so weiter. Jedesmal, wenn eine Frage auftaucht oder Sie etwas Neues begriffen haben, dann sollten Sie es sich in der entsprechenden Rubrik Ihres Lerntagebuchs notieren.

Ihre Trainingsziele können zum Beispiel wie folgt aussehen:

1. Woche: Fertigkeiten im technischen Bereich:	»Ich werde den Vorgang der Rechnungsstellung an die Kunden kennenlernen.«
2. Woche: Fertigkeiten im zwischenmenschlichen Bereich:	»Ich werde mir Videos über den telefonischen Umgang mit dem Kunden ansehen und das Gesehene in meiner Arbeit umsetzen.«
3. Woche: Produkt- und Servicekenntnisse:	»Ich werde mich einen Nachmittag lang im Geschäft eines Konkurrenten umsehen und sondieren, wie sich dessen Angebot von unserem unterscheidet.«
4. Woche: Wissen über den Kunden:	»Ich werde drei meiner Stammkunden bitten, mir zu sagen, welche Erfahrungen Sie mit unseren Produkten gemacht haben.«

Wenn Sie Ihren Vierwochenzyklus durchlaufen haben, setzen Sie sich neue Ziele für die folgenden vier Wochen. Benutzen Sie die Fragen, die Sie sich in den ersten vier Wochen notiert haben, als Orientierungshilfe für Ihr nächstes vierwöchiges Lernpensum.

> Wer das Lernen eingestellt hat, ist alt, egal, ob er zwanzig oder achtzig ist. Wer hingegen stets etwas dazulernen will, altert nie. Den Verstand jung zu erhalten ist das Größte im Leben.
>
> *Henry Ford*

Literatur

Albrecht, Karl und Ron Zemke: *Service America!* Doing Business in the New Economy (Dow Jones-Irwin, 1985).

Albrecht, Karl: *At America's Service* (Dow Jones-Irwin, 1988).

Baber, Michael: *Integrated Business Leadership Through Cross Marketing* (Warren H. Green, Inc., 1986).

Berry, Leonard L., David R. Bennett und Carter W. Brown: *Service Quality:* A Profit Strategy for Financial Institutions (Dow Jones-Irwin, 1989). Deutsche Ausgabe: *Service-Marketing*, (Campus, 1992).

Bleuel, William: *Service Management:* Principles and Practices (Instrument Society of America, ^{2}1986).

Carlzon, Jan: *Alles für den Kunden* (Campus, ^{5}1992). Deutsche Ausgabe nach dem schwedischen Original und der amerikanischen Ausgabe.

Conklin, Robert: *How to Get People to Do Things* (Ballantine Books, 1979).

Davidow, William H. und Bro Uttal: *Total Customer Service* (Harper Collins, 1990). Deutsche Ausgabe: *Service Total:* Mit perfektem Dienst am Kunden die Konkurrenz schlagen (Campus,^{2}1992).

Guaspari, John: *I Know It When I See It* (AMACOM Books 1991).

Heskett, James L. W. Earl Sasser Jr., Christopher W. L. Hart: *Service Breakthroughs* (Free Press 1991). Deutsche Ausgabe: *Bahnbrechender Service*: Standards für den Wettbewerb von morgen (Campus, 1991).

Horovitz, Jacques und Michele Jurgens Panak: *Total Customer Satisfaction* (Pitman, 1992). Deutsche Ausgabe: *Marktführer durch Service* (Campus, 1993).

Horovitz, Jacques: *La Qualité de Service* (Inter Editions, 1987). Deutsche Ausgabe: *Service entscheidet*: *Im Wettbewerb um den Kunden* (Campus, 1991).

Lash, Linda: *The Complete Guide to Customer Service* (John Wiley and Sons, 1989).

Martin, William B.: *Quality Customer Service* (Crisp Publications, 1989).

Morgan, Rebecca L.: *Calming Upset Customers* (Crisp Publications, 1989).

Peters, Thomas, J. und Robert H. Waterman, Jr.: *In Search of Excellence* (Harper & Row, 1982).

Peterson, Robert A.: *The Future of U.S. Retailing* (Greenwood Publishing Group, 1992).

Schaaf, Dick und Ron Zemke: *Taking Care of Business: 101 Ways to Keep Customers Coming Back (Without Whining, Groveling or Giving Away the Store)* (Lakewood Books, 1991).

Silverman Goldzimer, Linda: *»I'm First«: Your Customer's Message to You* (Rawson Associates, 1989).

Stern, Frances Merrit und Ron Zemke (Hg.): *Stressless Selling*, überarbeitete Ausg. (AMACOM Books, 1990).

Zeithaml, Valerie A., A Parasuraman und Leonard L. Berry: *Delivering Quality Service* (Free Press, 1990). Deutsche Ausgabe: *Qualitätsservice* (Campus, 1992)

Zemke, Ron und Chip Bell: *Service Wisdom: Creating and Maintaining the Customer Service Edge* (Lakewood Books, 1989).

Zemke, Ron, und Dick Schaaf: *The Service Edge: 101 Companies That Profit From Customer Care* (NAL Books, 1989).

Zunin, Leonard: *Contact: The First Four Minutes* (Ballantine Books, 1972).